Prospectiva Para Pequeñas Empresas

Perspectiva de largo plazo, Escenarios y Planeación Estratégica para pequeñas empresas

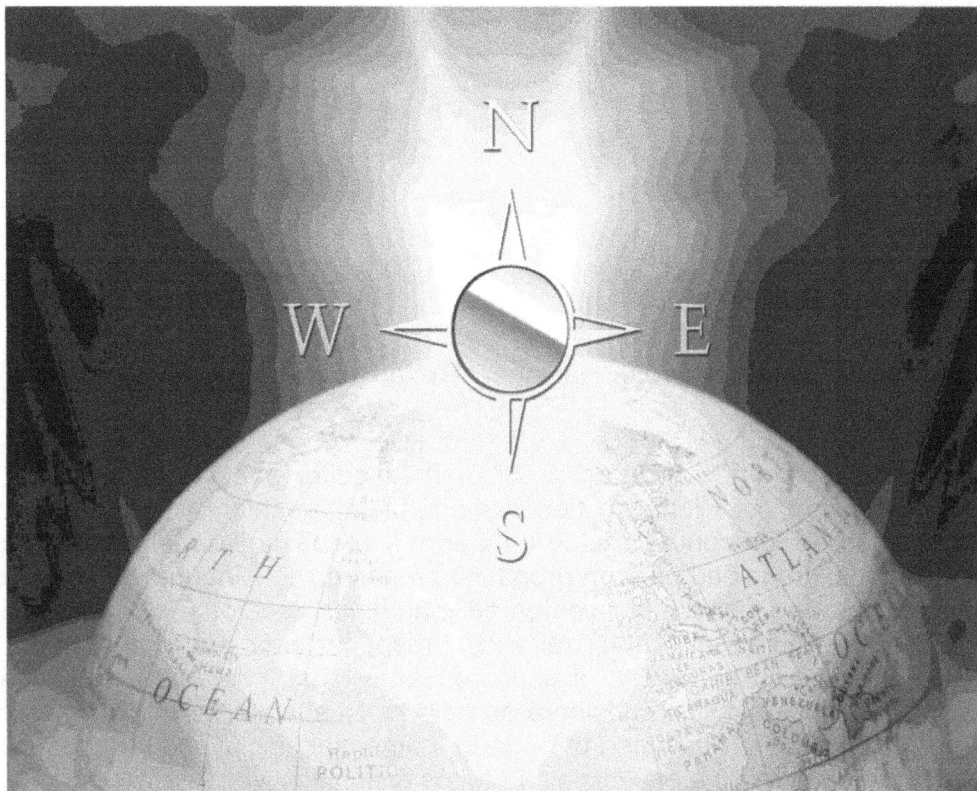

Un libro de trabajo complementario al libro premiado
Es TU futuro... ¡Hazlo bueno!

VERNE WHEELWRIGHT, Ph.D.

Traducción: Dra Guillermina Baena Paz
y
Psic. Alethia Berenice Montero

ISBN 978-0-9892635-6-6

Contacto: The Personal Futures Network
        1917 Guava Circle, Harlingen TX 78552
        Teléfono:(956) 423-5758
        Email: verne@personalfutures.net.

Foto de portada: La imagen de la foto de *Es TU futuro... ¡Hazlo bueno!* muestra un horizonte artificial o brújula, un instrumento de navegación que se encuentra en la mayor parte de los aviones, superimpuesto sobre una imagen del globo terráqueo.

Impreso en U.S.A.

El libro de trabajo para pequeñas empresas

Esta versión del libro de trabajo ha sido escrita para usarla en talleres, clases y como mi libro: *Es TU Futuro... ¡Hazlo bueno!*

Cualquier libro de este tipo puede ser mejorado, tiene sugerencias, críticas o comentarios sobre este libro, por favor háganoslo saber a verne@personalfutures.net. Apreciaré su ayuda para hacer mejor este libro de trabajo.

Ahora solo un pensamiento sobre prospectiva de pequeñas empresas y lo que este texto debería hacer para usted.

En las décadas de los 50's y 60's, tanques pensantes y académicos desarrollaron conceptos, teorías y métodos para pensar sobre el futuro. Las herramientas y métodos resultantes para explorar el futuro fueron adoptados por grandes corporaciones. Así, el refinamiento de estos métodos tendió a apoyar las necesidades de los grandes negocios. Las pequeñas empresas tienen las mismas necesidades de entender el futuro, pero en algunos casos, los métodos de las grandes corporaciones no encajan y tienen que adaptarse a la medida de las pequeñas empresas.

Afortunadamente, los métodos de prospectiva y de estudios de futuros son estratificados. Una investigación del autor publicada en 2006 demostró la estratificación en *Futuros Personales: Prospectiva y Estudios de Futuros para Individuos*, disponible con libre descarga en www.personalfutures.net. En varios aspectos, el futuro personal es más cercano a las necesidades de las pequeñas empresas que la práctica de los mismos métodos para grandes corporaciones.

Más información sobre futuro, planeación para usted y su familia, están en libros de trabajo gratuitos y disponibles en www.personalfutures.net. En 2010, se publicó *Es TU Futuro... ¡Hazlo bueno!* y aportó detalles considerables sobre la comprensión y planeación para el futuro en una forma fácil de leer. Este libro explica varias herramientas y métodos usados por futuristas profesionales en el mundo.

Si tiene preguntas o sugerencias sobre este material, escríbame por favor a verne@personalfutures.net. ¡Espero más adelante tener noticias de usted!

Verne Wheelwright

Este libro se deriva y se diseña para ser usado con el libro ganador.

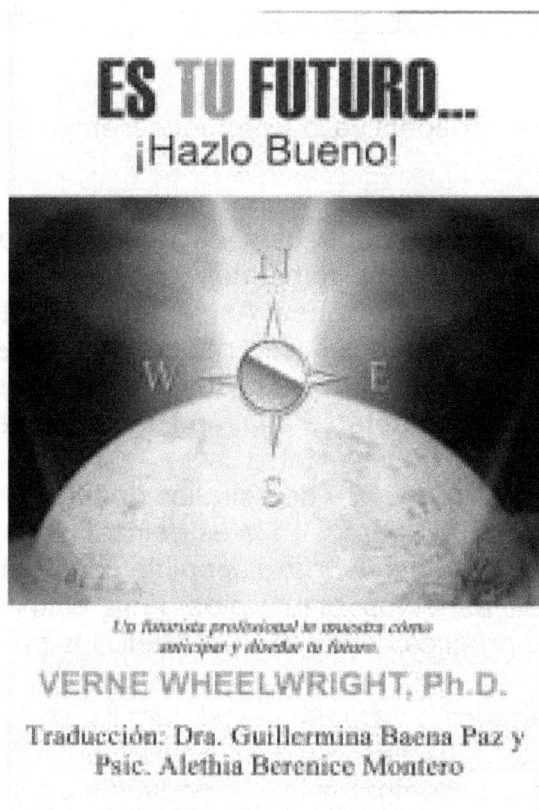

ES TU FUTURO...
¡Hazlo Bueno!

Un futurista profesional te muestra cómo anticipar y diseñar tu futuro.

VERNE WHEELWRIGHT, Ph.D.

Traducción: Dra. Guillermina Baena Paz y Psíc. Alethia Berenice Montero

Es TU futuro... ¡Hazlo bueno!

Premiado en 2012 como "el trabajo más importante de futuros"
Por la Asociación de Profesionales Futuristas

"**Es TU Futuro...**" ofrece una mirada accesible a los métodos y herramientas usados por futuristas, un excelente sistema para aprender cómo métodos para estudiar el futuro pueden ser aplicados a su vida y a sus negocios. El libro es fácil de leer con 110 diagramas y tablas. Los ejemplos muestran cómo una persona puede completar cada hoja de trabajo.

Es TU Futuro... ¡Hazlo bueno! **Está disponible en la mayor parte de las librerías en línea y puede ser ordenado desde libreras locales, en inglés, español, japonés y turco. El precio de lista es de $17.50 US. Los libros están disponibles en Amazon.com worldwide y otros vendedores de libros en el mundo. Una versión de eBook está disponible para Kindle, Nook, y Apple iPad a $8.99 US. Otras versiones de eBook están pendientes.**

Contenido

Introducción

¿Por qué debería interesarse en aprender sobre métodos para explorar prospectiva* de pequeñas empresas?

La respuesta es bastante simple. Los métodos empleados por futuristas y grandes organizaciones mundiales son exitosos: sí funcionan.

Desafortunadamente, lo que funciona bien en una corporación puede no ser aplicable directamente a las pequeñas empresas. Algunos ajustes o cambios son necesarios. Este libro de trabajo le ofrece los mismos métodos utilizados por empresas y gobiernos en todo el mundo para explorar, seleccionar y preparar el futuro. Los métodos se redujeron proporcionalmente y se realizaron ajustes para hacerlos más efectivos para las pequeñas y medianas empresas.

¿Qué se puede esperar de estudiar el futuro? El enfoque de este libro consiste en tres pasos:
1. Construir un marco de información sobre su negocio.
2. Basado en ese marco informativo, explorar futuros potenciales con escenarios.
3. Desde los escenarios, desarrollar una visión, estrategias y planes de acción para su futuro.

Usted usará los mismos métodos que han practicado los futuristas durante décadas en el mundo. Al terminar este proceso deberá tener una visión de futuro de su negocio, planes específicos para los siguientes diez años y un plan de contingencia para enfrentar cambios y eventos inesperados.

Aquí están los pasos que seguirá en este libro de trabajo mientras se prepara para su futuro:

- **Investigación (¿Dónde está el negocio ahora?)**
    - Etapas del desarrollo del negocio
    - Dominios internos y fuerzas motoras
    - Fuerzas externas de cambio
    - Sus fortalezas, debilidades y valores

- **Escenarios (¿Dónde podría estar la empresa en 10 años?)**
    - Desarrolle una matriz de escenario
    - Examine las fuerzas motoras
    - Cree 4 o más escenarios

- **Planeación Estratégica (¿Dónde quiere que su empresa esté en 10 años? ¿Qué tiene que hacer para lograrlo?)**
    - Crear una visión para los siguientes 10 años
    - Desarrollar estrategias para asegurar la visión
    - Desarrolle planes de acción para ejecutar sus estrategias
    - Desarrolle planes de contingencia para enfrentar eventos inesperados
    - Analice un plan y fortalezca áreas débiles

¡Siga su plan!

* En la versión original el autor utiliza el término Foresight, en esta traducción el término manejado es el de prospectiva ya que así se conoce en la región iberoamericana.

Sección I

Conduciendo la investigación interna
(Mire su empresa. ¿Dónde está usted ahora?)

Antes de que aplique métodos prospectivos en su empresa, debe tener una base de información desde la cual pueden sacar conclusiones sobre el futuro de su empresa. En esta sección aprenderá sobre:

1) las etapas típicas de los negocios,
2) las fuerzas motoras que pueden crear un cambio en una pequeña empresa, y
3) eventos comunes que pueden anticiparse, ambos como probabilidad de ocurrencia y alcance del impacto.

Esta sección concluirá con la exploración de fuerzas, debilidades y valores de la empresa. Esta investigación será el fundamento para que usted cree escenarios en la Sección Dos.

Etapas del desarrollo de negocios

Etapas de un negocio

En la siguiente página se enlistan nueve etapas de crecimiento o desarrollo que son comunes a todos los negocios con una muy breve descripción de cada etapa. Conforme va aprendiendo sobre estas etapas esté alerta de los periodos de cambio entre ellas. Estas transiciones son importantes y algunas veces son tiempos difíciles en su negocio, pero la preparación y la comprensión de las mismas ayudará a que las enfrente.

Es de gran ayuda saber en qué etapa del negocio está ahora y en qué etapa estará después.

Estas etapas las aplicamos a cualquier tamaño de negocios, desde el de una sola persona o firmas profesionales para empresas con varios empleados y numerosos servicios.

Etapas del Desarrollo de negocios

Abajo se enlistan nueve etapas comunes a todos los negocios, con una mejor descripción de cada una. Conforme va aprendiendo de estas etapas esté alerta de los periodos de cambio entre ellas. Estas transiciones son importantes y algunas veces son tiempos difíciles para una empresa, pero la preparación y entendimiento le ayudarán a enfrentarlas.

Etapas	Características de las etapas
Concepto	La idea.
Planeación	Seriamente pruebe su concepto en papel (o en la computadora) y planee como podría trabajar. Decida lo que realmente necesita en términos de capital, lugar, equipo, gente y estructura legal. Entienda la industria y la competencia. Desarrolle un plan de negocios.
Arranque	El negocio ahora existe. Pruebe sus conceptos en el mundo real como un lugar, producto o servicio y clientes.
Luchando/Sobreviviendo	Adaptándose, aceptado como un negocio viable, luchando para crecer y llegar a ser rentable. Algunos negocios no sobreviven a esta etapa.
Crecimiento	Ventas e ingresos se incrementan. Más empleados o contratistas pueden ser agregados para lidiar con las cargas adicionales de trabajo. Se incorporan nuevos clientes.
Madurez	Establecido. Manteniendo el equilibrio.
Expansión	Áreas de mercadotecnia, ubicaciones físicas, equipo, productos, adquisiciones o fusiones.
Declinación	Reducción de las ganancias, reducción de las metas, envejecimiento de los sistemas o equipo. La firma puede perder ventaja competitiva o la industria puede decaer.
Salida	Vender, traspasar o cerrar. Una salida puede ser tomada en cualquier etapa.

¿En qué etapa está su empresa ahora? ¿Cuál es la siguiente etapa y qué tiene usted que lograr para dirigirse hacia ella? ¿Qué cambios o impactos anticipa al moverse a la siguiente etapa? Entendiendo las etapas de un negocio le ayuda a prepararse a esos cambios y los impactos que de ellos resulten.

Etapas del Desarrollo de negocios
Hoja de trabajo

Su presente etapa de negocios es:

Su siguiente etapa de negocios es:

¿Qué tiene que hacer para moverse a la siguiente etapa?

¿Cuándo espera completar la transición a la siguiente etapa?

¿Qué cambios o impactos anticipa mientras hace la transición de la siguiente etapa?

¿Cómo enfrentará estos impactos?

¿Cuál es su modelo de negocios?

Su modelo de negocios describe lo que la empresa hace y cómo obtiene beneficios. Es muy importante la "Proposición de valorar al cliente". ¿Qué recibe el cliente (producto o servicio) y ¿cuál es el valor de ese producto o servicio para el cliente?

El modelo básico de negocios incluye: Creador, Distribuidor, Propietario, y Agente, pero hay variaciones en cada una de estas categorías.

Un *creador* puede ser un inventor o diseñador que vende o renta derechos para usar derechos de autor o patentes, un minero que vende materia prima, o un manufacturero que hace y vende productos terminados.

Distribuidores compran productos y los revende de la misma manera a otros.

Propietarios venden el derecho *temporal* de utilizar bienes muebles como un edificio, un carro, un cuarto de hotel, o un asiento de aerolínea. Contratistas y asesores son calificados como propietarios que venden servicios producidos por humanos.

Agentes traen compradores y vendedores juntos por una cuota o comisión.

(2005, "*Do Some Business Models Perform Better than Others*?" Weill, Peter; et. al. MIT Sloan School paper #226).

A partir de los cuatro modelos básicos de negocios, un número de sub-modelos o arquetipos pueden ser identificados. Por ejemplo:
- **Emprendedor:** crea y vende activos financieros.
- **Inventor:** crea y vende activos intangibles (patentes, copyright).
- **Operador financiero:** compra y vende activos financieros.
- **Proveedores de la propiedad intelectual:** compra y vende activos intangibles (derechos de autor, derechos de propiedad)
- **Arrendador financiero:** Prestamista; agente de seguros.
- **Arrendador físico:** vende derechos para usar activos tangibles (cuartos de hotel, asientos de avión)
- **Promotor:** obtiene la atención de la gente, para vender información o un espacio publicitario.

Más información sobre modelos de negocios está disponible en Slideshare:
http://www.slideshare.net/nealcabage/business-model-archetypes?related=1

Hoja de trabajo para modelo de negocios

¿Qué hace o hará su negocio?

¿Por qué los clientes querrían sus productos o servicios? ¿Cuál será el producto o servicio para ellos? ¿Cuál es el *valor* del cliente?)

¿Cómo hará dinero su negocio? ¿Cuál es su modelo de negocios?

¿En qué parte de su proceso de negocios gasta dinero?

¿En qué parte de su proceso de negocios recibirá dinero?

¿Cuál es el tiempo típico de diferencia entre gastar y recibir dinero?

¿Qué hace o hará para obtener/proveer fondos para llenar la brecha entre gastar y recibir fondos?

¿Cuál es su ventaja competitiva? (producto o servicio exclusivo, patente, lugar, precio, etc.)

¿Cuándo y cómo tendrá éxito este negocio?

Actores en su negocio

¿Qué y quién es un actor y por qué son actores importantes?

Propietarios/Accionistas
Empleados
Prestamistas
Proveedores
Clientes
Contratistas

Los actores son personas, grupos u organizaciones que afectan tu negocio o son afectados por sus negocios. ¿Quiénes son sus actores?

Actores Nombre (Empresa o individuo)	¿Cómo/por qué esta empresa o individuo es un actor?	Positivos (¿Cuáles son los beneficios?)	Negativos (¿Cuáles son los riesgos?)

Fuerzas y fuerzas motoras en pequeñas empresas

Dominios Internos

Los dominios internos se componen de las fuerzas y sub fuerzas que forman parte de su negocio. Son fuerzas que lo afectan directamente y con las cuales debe interactuar. Cuando estas fuerzas presionan o motivan se les llama fuerzas motoras. Aquí reconocemos 5 categorías de fuerzas comunes a todos los negocios y que son parte de cada Administración a través de la existencia de la firma.

Un dominio es una categoría de fuerzas internas. Finanzas por ejemplo. La categoría puede comunicar varias fuerzas diferentes (efectivo, pagarés, cuentas por cobrar, impuestos, etc.), y una de estas fuerzas puede ser dominante o fuerza motora por un periodo de tiempo. Dinero puede ser una fuerza motora cuando hay muy poco o demasiado. Los impuestos pueden ser una fuerza motora si tiene un problema con sus impuestos.

Finanzas. Todo lo relativo a finanzas. Por ejemplo:
- Capital, fluidez de cambio, salarios, activos
- Gastos, deuda, pasivos, riesgos financieros, seguros.
- Impuestos, Seguros, Contabilidad

Locación. El edificio (s), instalaciones y lugar (es) donde está ubicado el negocio.
- Edificio (s), instalaciones, zona, vecindario, lenguajes requeridos,
- Ciudad, estado y país.

Operaciones. Producción de bienes o servicios.
- Procesos, control de calidad.
- Logística, moviendo bienes dentro y fuera.
- Inventarios.

Administración-Organización, Administración, Liderazgo.
- Estructura Legal
- Corazón del negocio y divisiones
- Legal y regulatorio

Mercadotecnia.
- Ventas, relaciones públicas,
- *Publicity*, promoción,
- Publicidad

Gente. Todo lo que se hace con la gente en y relativo a su negocio.
- Interacciones, comunicaciones.
- Propietarios, staff, proveedores, consejeros, contratistas.

Algunas herramientas para evaluar fuerzas y tendencias

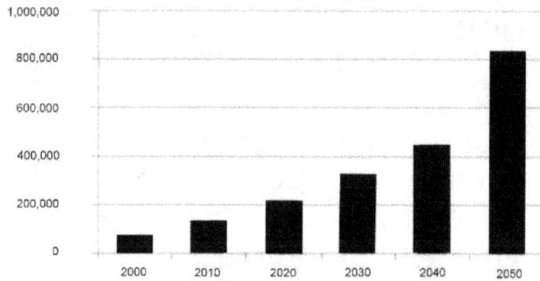

Análisis de series de tiempo

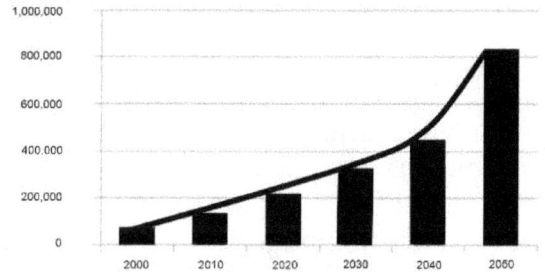

Series de tiempo con una línea tendencial

Crear series de tiempo y línea de tendencia

Para cada dominio o cada fuerza, usted puede usar una gráfica como la que se muestra abajo para clasificar la calidad o desempeño de ese dominio en su negocio los pasados cinco años. Usando las gráficas sobre las páginas de Dominios que continúan y siguiendo los ejemplos de abajo, su primer paso es hacer una línea (dibujada a mano) o marca (con plumón) en la casilla correspondiente a cada uno de los cinco años pasados, clasificando el nivel de desempeño de ese dominio por cada año hasta llegar al presente (P). Usted tiene ahora una línea tendencial que representa la calidad o desempeño durante los pasados cinco años.

	5	4	3	2	1	P	1	2	3	4	5	6	7	8	9	10
Muy alto																
Alto				xxx												
Promedio		xxx	xxx		xxx											
Bajo	xxx															
Muy bajo																

Posteriormente, proyecte una línea para los siguientes diez años como se ve abajo. Esta línea (arriba) representará su mayor estimación del <u>más alto</u> y plausible desempeño para los siguientes diez años. Esta es su proyección optimista para este dominio.

	5	4	3	2	1	P	1	2	3	4	5	6	7	8	9	10
Muy alto													XX	XX	XX	XX
Alto				XX			XX	XX	XX	XX						
Promedio		xx	xx		xx	xx	xx									
Bajo	XX						xx	xx	xx	xx						
Muy bajo													XX	XX	XX	XX

Finalmente, haga otra línea desde el presente a través de los siguientes diez años, como se muestra abajo, pero representando el desempeño más bajo plausible para los siguientes diez años. Esta es su proyección pesimista. Este ejemplo muestra cómo su gráfica puede verse si la llena en su propio procesador de palabras.

Posible, Plausible y Probable

En los ejemplos de la gráfica, he usado la palabra "plausible" ¿Cómo definimos o descubrimos futuros "plausibles"?

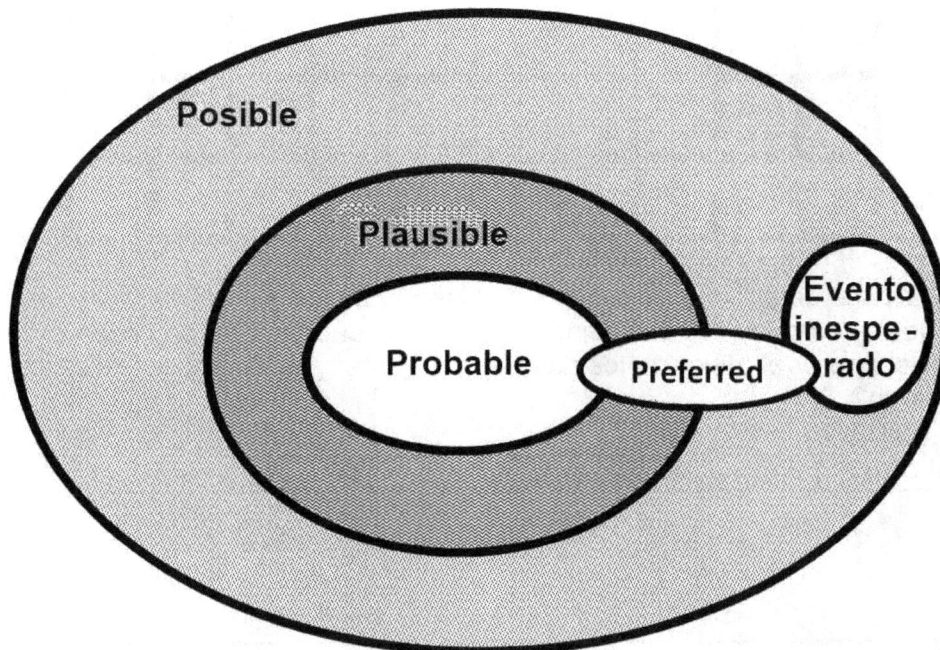

Este diagrama ilustra las posibilidades que existen en el futuro y muestra que todo está dentro del campo de lo posible (el anillo externo).

Plausible es un área más pequeña dentro de lo Posible, pero mucho más grande que el Probable.

Eventos inesperados (como ganar la lotería, que golpee un meteorito, etc.) están en el área de lo posible, pero no en las áreas Plausible o Probable.

Note que los futuros "Preferidos" pueden encontrarse en todas las áreas.

Dominio Finanzas

Todo lo relativo a finanzas. Por ejemplo: Capital, movimiento de efectivo, ingresos, activos, contabilidad, gastos, deuda, pasivos, impuestos, riesgos financieros, seguros.

	5	4	3	2	1	P	1	2	3	4	5	6	7	8	9	10
Muy alto																
Alto																
Promedio																
Bajo																
Muy bajo																

Elabore una gráfica para determinar la calidad o desempeño de los niveles del *Dominio Finanzas* en su negocio durante cada uno de los pasados cinco años hasta el presente, entonces extienda la línea hacia el futuro para mostrar el peor y el mejor de los niveles plausibles. ¿Qué necesita para mejorar? ¿Qué causaría que los niveles cayeran?

¿Cuál es su nivel presente de satisfacción en este dominio?

¿Qué le gustaría cambiar?

¿Qué tendría que hacer para iniciar un cambio?

Dominio Locación

Los inmueble(s), servicio (s) y lugar(es) donde se localiza su negocio: Construcción(es), instalaciones, zona, vecindario, ciudad, estado, país.

	5	4	3	2	1	P	1	2	3	4	5	6	7	8	9	10
Muy alto																
Alto																
Promedio																
Bajo																
Muy bajo																

Elabore una gráfica para determinarlos niveles de la calidad o desempeño del dominio *Ubicación* en su negocio durante cada uno de los pasados cinco años hacia el presente, entonces extienda la línea hacia el futuro para mostrar el peor y el mejor de los niveles plausibles. ¿Qué necesita mejorar? ¿Qué causaría que los niveles cayeran?

¿Cuál es su nivel presente de satisfacción en este dominio?

¿Qué le gustaría cambiar?

¿Qué tendría que hacer para iniciar un cambio?

Dominio Operaciones

Todo lo relacionado a la producción o creación de bienes y servicios incluyendo: Diseños, materiales, procesos, control de calidad, inventarios, logística.

	5	4	3	2	1	P	1	2	3	4	5	6	7	8	9	10
Muy alto																
Alto																
Promedio																
Bajo																
Muy bajo																

Elabore una gráfica para determinar la calidad o desempeño de los niveles del *Dominio de Operaciones* en su negocio durante cada uno de los pasados cinco años hasta el presente, entonces extienda la línea hacia el futuro mostrar el peor y el mejor de los niveles plausibles. ¿Qué necesita para mejorar? ¿Qué causaría que los niveles cayeran?

¿Cuál es su nivel presente de satisfacción en este dominio?

¿Qué le gustaría cambiar?

¿Qué tendría que hacer para iniciar un cambio?

Dominio Administración

Todo lo relacionado a la Administración y a la estructura administrativa de la organización incluyendo: Dirección, administración, liderazgo, situaciones legales y regulatorias.

	5	4	3	2	1	P	1	2	3	4	5	6	7	8	9	10
Muy alto																
Alto																
Promedio																
Bajo																
Muy bajo																

Elabore una gráfica para determinar la calidad o desempeño de los niveles del *Dominio de Administración* en su negocio durante cada uno de los pasados cinco años hasta el presente, entonces extienda la línea hacia el futuro para mostrar el peor y el mejor de los niveles plausibles. ¿Qué necesita para mejorar? ¿Qué causaría que los niveles cayeran?

¿Cuál es su nivel presente de satisfacción en este dominio?

¿Qué le gustaría cambiar?

¿Qué tendría que hacer para iniciar un cambio?

Dominio Mercadotecnia

Todo lo relacionado a la Mercadotecnia de bienes y servicios incluyendo: Ventas, anuncios, promoción, relaciones públicas, publicidad.

	5	4	3	2	1	P	1	2	3	4	5	6	7	8	9	10
Muy alto																
Alto																
Promedio																
Bajo																
Muy bajo																

Elabore una gráfica para determinar la calidad o desempeño de los niveles del *Dominio de Mercadotecnia* en su negocio durante cada uno de los pasados cinco años hasta el presente, entonces extienda la línea hacia el futuro para mostrar el peor y el mejor de los niveles plausibles. ¿Qué necesita para mejorar? ¿Qué causaría que los niveles cayeran?

¿Cuál es su nivel presente de satisfacción en este dominio?

¿Qué le gustaría cambiar?

¿Qué tendría que hacer para iniciar un cambio?

Dominio Gente

Todo se hace con gente dentro y relacionada con su organización: Interacciones. Comunicaciones. Propietarios, personal, proveedores, consejeros, contratistas.

	5	4	3	2	1	P	1	2	3	4	5	6	7	8	9	10
Muy alto																
Alto																
Promedio																
Bajo																
Muy bajo																

Elabore una gráfica para determinar la calidad o desempeño de los niveles del *Dominio de Gente* en su negocio durante cada uno de los pasados cinco años hasta el presente, entonces extienda la línea hacia el futuro para mostrar el peor y el mejor de los niveles plausibles. ¿Qué necesita para mejorar? ¿Qué causaría que los niveles cayeran?

¿Cuál es su nivel presente de satisfacción en este dominio?

¿Qué le gustaría cambiar?

¿Qué tendría que hacer para iniciar un cambio?

21

Dominios Internos

Use esta área de trabajo para escribir riesgos, intereses o asuntos actuales o futuros en cualquiera de éstas áreas.

Dominio	Atributos, descripción, fuerzas
Finanzas	
Locación	
Operaciones	
Administración	
Mercadotecnia	
Gente	

Fuerzas externas que impactan sus negocios

Conozca los cambios en su comunidad y en la economía nacional, tanto como las tendencias de cambio social y tecnológico alrededor del mundo, tómelas en cuenta para sus estrategias y planes de acción. Esto puede traducirse dentro de un conocimiento básico, por ejemplo, en su comunidad, esté al tanto de proyectos de planes futuros que podrían afectar a su familia o a su propiedad, positiva o negativamente. Esté atento a movimientos o actividad referida a leyes o regulaciones que pudieran impactarle.

Varios futuristas usan el acrónimo "STEEP" para tener presente algunas de las fuerzas exteriores que pueden afectar nuestras vidas.

Fuerzas **S**ociales
Fuerzas **T**ecnológicas
Fuerzas **E**conómicas
Fuerzas **E**cológicas
Fuerzas **P**olíticas

Use el espacio de abajo para hacer notas sobre como alguna de estas fuerzas pueden afectar su negocio en el futuro y consérvelo en mente cuando cree su plan estratégico.

Fuerzas Sociales

Fuerzas Tecnológicas

Fuerzas Económicas

Fuerzas Ecológicas

Fuerzas Políticas

STEEP* Hoja de trabajo para Monitoreo

Cuáles de estos grupos o fuerzas es probable que tengan un fuerte impacto en su negocio a uno o más de estos niveles y ¿cómo? Los futuristas describen este proceso como Monitoreo de 360° usted observa todo lo que está pasando alrededor. Esta es similar a la posición de un marinero desde el puesto vigía de un barco, mirando hacia adelante, hacia atrás y en todos lados, reportando lo que ve, velas, tierra, ballenas, o tormentas a la tripulación abajo. Busque en todos los medios de comunicación, periódicos, discursos, y cualquier Fuente que pueda inteligentemente advertir del cambio.

	Mundial	Nacional	Local
Social			
Tecnología			
Economía			
Ecología			
Política			

*NT. Se utiliza la palabra Ecología para coincidir con el acrónimo STEEP, en inglés la E corresponde a Environment que en español se traduciría como Medio Ambiente.

Ejemplo
STEEP Hoja de Monitoreo

	Mundial	Nacional	Local
Social	*Business Week* 1/16/15 La píldora para siempre. *Scientific American* 10/14 Inclusión y Diversidad 5 artículos. *Sci American* 12/14 El gen del genio.	*Fast* Co. 3/15 Reforma de las Prisiones. *Wired* 2-15 Entrar a un Nuevo mundo / control natal en hombres.	*WSJ* 4/9/12 Retiro. *WSJ* 12/21/13 Salario del retiro. *Bloomberg* 1/12/15 Cuidado de la salud en el Centro Comercial.
Tecnología	*Discover* 3/15 Cerebro de Alzheimer - también Dr. y regeneración de la Salamandra--. *Wired* 9/14 La Inteligencia Artificial conoce su mente. *Sci American* 12/14 10 ideas para cambiar al mundo.	*Inc* 2/15 Control de crucero. *Fast* Co 12/14 La siguiente fase de la Nube. *Sci American* 8/14 Genio Accidental. *Bloomberg* 1/26/15 Solución a la Resistencia de Antibióticos.	*Inc* 11/14 El internet de las cosas (su oficina). *Bloomberg* 1/19/15 El poder del Hidrógeno puede mover carros y casas.
Economía	*Bloomberg* 12/29/14 El carbón comienza a enfriar en China. *Bloomberg* 11/24/14 El efectivo es para perdedores.	*Bloomberg* 12/22/14 Caída en la tasa de fertilidad de los EU.	*Inc* 2/15 Zarpar por menos de US$10,000. *Inc.* 12/14 La salida del laboratorio (para pequeños propietarios).
Ecología	*Scientific American* 2/15 Rompecabezas para el Planeta. *Discover* Jan-Feb 15 El Clima en Crisis. *Science* 9/14 Estrategia Global para explotar los litorales. *Bloomberg* 1/12/15 El Futuro del agua.		
Política	*Bloomberg* 1/26/15 La Carrera de las armas de India con China.	*Sci American* 11/14 Guerras Solares.	

Hoja de trabajo para monitorear su industria

Fuerzas dentro de su industria

¿Qué fuerzas de cambio son probables de tener un fuerte impacto en su industria? ¿Cuál de estas fuerzas de cambio impactará en su negocio? Observe publicaciones impresas de su industria, publicaciones de negocios, congresos y noticias relativas a su industria y en general, al clima de negocios.

	Mundial	Nacional	Local
Social			
Tecnología			
Economía			
Ecológica			
Política			

Ejemplo
Hoja de Monitoreo de la Industria

Abajo están algunos eventos que podrían afectar su industria

	Mundial	Nacional	Local
Social	Religión, guerras terroristas.	Religión, terrorismo, eventos políticos. Costo o disponibilidad del cuidado médico.	Escasez de trabajadores y personal. Escasez de doctores.
Tecnología	Avances en Biotecnología y Medicina.	Cambio en la producción tecnológica (robótica). Cambio en la entrega o la logística de tecnología (3D).	Capacitación en tecnología local.
Economía	Ciclo de negocios en decrecimiento. Fortalecimiento o debilitamiento de los mercados.	Ciclo de negocios en decrecimiento. Cambio en los impuestos. Huelgas o huelgas potenciales: en su industria o en la industria de transportes.	Cambio en los impuestos. Incentivos.
Ecología	Calentamiento global.	Calentamiento global. Contaminación del aire, agua.	Contaminación del aire, agua.
Política	Guerras.	Elecciones. Cambios en el cobro de impuestos.	Elecciones locales. Incentivos para construir o alquilar en algunas comunidades.

Etapas del Desarrollo de Negocios

Ejemplos de eventos comunes de negocios

Etapas de negocios	Evento común	Alto impacto
Concepto	Idea. Prueba de concepto. Meta disponible.	Oportunidad ofrecida.
Planeación	Prueba de viabilidad de largo plazo. Plan de negocios. Estructura (Corporativo, Patrocinador, Propietario).	Finanzas aprobadas/no aprobadas.
Arranque	Primera producción. Esfuerzo "hormiga". Primeras ventas.	Ventas muy bajas. Ventas extremadamente altas.
Luchando / Sobreviviendo	Sin compradores suficientes. Problema de flujo de efectivo. Fondos inadecuados. Impuestos.	Oposiciones/regresos. Pérdida de fondos/patrocinador. Pérdida de proveedor. Pérdida en cuentas por cobrar.
Crecimiento	Incremento en la demanda. Problemas de suministro. Problemas de Logística.	Control de calidad. Escasez de materiales.
Expansión	Facilidades. Áreas de Mercado. Gente.	Adquisición o fusión.
Madurez	Crecimiento lento.	
Declinación	Ventas reducidas. Ganancias reducidas. Demanda reducida.	Ganancia Negativa. Declinación del valor de activos.
Salida	Venta. Transferencia. Cierre.	Problemas de impuestos. Hipoteca.

Anticipando Eventos Futuros

Use la siguiente hoja para enlistar los eventos que anticipe durante los siguientes 10 años para los cuales usted planeará. Use las fuerzas enlistadas en la columna de "Dominios" como recordatorios de los eventos.

Dominios y Sub-fuerzas	Alta probabilidad, eventos de alto impacto (para planeación estratégica)	Alto impacto-actores	Eventos inesperados
Finanzas			
Locación			
Operaciones			
Administración			
Mercadotecnia			
Gente			

Ejemplo:
Anticipando Eventos Futuros

Dominios y Sub-fuerzas	Alta probabilidad, eventos de alto impacto (para planeación estratégica	Alto impacto-actores	Eventos inesperados
Finanzas	El ciclo de negocios cambia de Dirección. Problema de flujo de efectivo. Cliente en Bancarrota–no paga. ¡El ciclo regresa! Se incrementa el capital adicional.	Un cliente valioso falla o deja de pagar.	Éxito financiero extremo. Altas ganancias y buen flujo de efectivo.
Locación	¡La ubicación es excelente! Las instalaciones son ahora demasiado pequeñas. Se requiere una nueva ubicación.	Vecinos.	
Operaciones	El espacio para las operaciones queda chico. Problemas de control de calidad. Problemas logísticos.	Un proveedor clave no puede cubrir la demanda.	
Administración	¡El negocio está creciendo demasiado rápido! ¡El negocio está creciendo demasiado lento! Inadecuada experiencia gerencial que resulta en mayores problemas.		Inadecuada experiencia gerencial que resulta en mayores problemas.
Mercadotecnia	¡No hay ventas suficientes! ¡Demasiadas ventas!	Un cliente valioso falla o deja de pagar.	¡Enorme éxito!
Gente	Se van personas clave. Individuo(s) inesperado(s) hacen gran contribución. Una persona extraordinaria llega a estar disponible.	Un directivo clave se retira o renuncia.	

Hoja de trabajo de valores

Valores- ¿Qué es importante para usted y su negocio? Esta hoja de trabajo le pide comparar y establecer un rango de sus valores. En la columna "Rango", seleccione el valor que es más importante para usted y ponga el número 1. Después seleccione el segundo, tercero y así hasta el final de su lista. Para una referencia futura, enliste sus valores en orden jerárquico en la última columna.

Los valores en espacios blancos son para que usted añada otros valores que le sean importantes.

Valores	Rango	Lista de sus Valores en orden de importancia para usted	Rango
Contabilidad			1
Compromiso			2
Contribución para otros			3
Diversidad			4
Ética/principios			5
Excelencia			6
Crecimiento			7
Innovación			8
Integridad			9
Liderazgo			10
Perspectiva de largo plazo			11
Patrimonio			12
Orgullo en producto/servicio			13
Ganancia			14
Calidad			15
Reconocimiento			15
Responsabilidad			16
Seguridad			17
Estrategia			18
Equipo de trabajo			19
			20

¿Ve usted algunos conflictos entre sus valores personales y los valores que tienen sus asociados en el negocio?

Ejemplo
Hoja de valores para un negocio

Valores	Rango	Lista de sus Valores en orden de importancia para usted	Rango
Contabilidad		Crecimiento	1
Compromiso		Integridad	2
Contribución para otros		Ganancia	3
Diversidad		Ética/principios	4
Ética/principios	4	Perspectiva de largo plazo	5
Excelencia	7	Patrimonio	6
Crecimiento	1	Excelencia	7
Innovación		Estrategia	8
Integridad	2	Seguridad	9
Liderazgo		Equipo de trabajo	10
Perspectiva de largo plazo	5		11
Patrimonio	6		12
Orgullo en producto/servicio			13
Ganancia	3		14
Calidad			15
Reconocimiento			15
Responsabilidad			16
Seguridad	9		17
Estrategia	8		18
Equipo de trabajo	10		19
			20

FODA: Fortalezas, Oportunidades, Debilidades y Amenazas

Esta hoja de trabajo solicita de una honesta evaluación de su Dirección y sus productos, servicios, y administración. ¿Qué se debe hacer para tener ventaja de las fortalezas de la Dirección? ¿Cómo puede el negocio ser fortalecido en caso de estar débil?

Fortalezas y Debilidades

Internas	Fortalezas	Debilidades
Finanzas		
Ubicación		
Operaciones		
Administración		
Mercadotecnia		
Gente		

Ejemplo
FODA: Fortalezas, Debilidades, Oportunidades y Amenazas

Fortalezas y Debilidades

Internas	Fortalezas	Debilidades
Finanzas	Adecuados fondos para dos años. Los clientes acuerdan términos rápidos a cambio de la entrega prioritaria.	Un cliente grande e importante está solicitando plazos más largos para el pago.
Ubicación	Baja renta. Buena ubicación.	¡No es atractivo!
Operaciones	Hay clientes potenciales que son conocidos en la red, fáciles de alcanzar.	Vulnerable o negativa retroalimentación si tenemos un error. Debilidad en experiencia internacional.
Administración	Propietarios muy hábiles en estos negocios.	
Mercadotecnia	Buen equipo, la mayoría con mucha experiencia. Enfoque de largo plazo. Protección de patentes muy sólida.	Los propietarios no son fuertes en administración financiera.
Gente	El corazón del grupo es REALMENTE de gente capaz.	

Oportunidades

¿Cuáles son las oportunidades para este negocio en los siguientes 10 años? ¿Qué debe hacerse para tomar ventaja de estas oportunidades?

Oportunidades Externas	Mundial	Nacional	Local
Social			
Tecnología			
Economía			
Ecología			
Política			

Ejemplo
Oportunidades

Oportunidades Externas	Mundial	Nacional	Local
Social	Existe una necesidad mundial para nuestros productos.		La Universidad más grande y dos escuelas técnicas en el área.
Tecnología		Acceso a buen transporte.	Un grupo bueno y capacitado para el trabajo, disponible.
Economía		Economía nacional fuerte. Se confirman compradores de largo plazo.	Tradicionalmente bajos costos de trabajo y de vida.
Ecología			
Política			El gobierno local provee incentivos para ubicarse aquí.

Amenazas

¿Cuáles son las amenazas para este negocio en los siguientes 10 años? ¿Qué debe hacerse para enfrentar esas amenazas?

Amenazas Externas	Mundial	Nacional	Local
Social			
Tecnología			
Economía			
Ecología			
Política			

Ejemplo
Amenazas

Amenazas Externas	Mundial	Nacional	Local
Social	Guerras religiosas.		
Tecnología	Amenaza de terror nuclear.		
Economía	La curva de negocios se viene abajo. China en decrecimiento.	La curva de negocios se viene cuesta abajo. Incremento de impuestos.	Incremento de impuestos.
Ecología	Calentamiento global.		Contaminación local del aire y el agua.
Política	Guerras territoriales.	Incremento de las divisiones entre partidos.	

La rueda de futuros

La rueda de futuros es una herramienta que es utilizada por muchos futuristas. También se llama mapa mental y puede ser muy simple como el ejemplo que se muestra abajo. Las ruedas de futuros pueden ser tan complejas mientras más niveles se añadan. La rueda del futuro es muy efectiva para la lluvia de ideas, si usted está trabajando solo o en grupo. Usted puede dibujar una en cualquier lado, sobre papel, en un pizarrón o en su computadora.

La idea es empezar con una pregunta, situación o problema, entonces se ramifica a lo que esté directamente relacionado con la idea, sean otras ideas, efectos, impactos o lo que usted considere.

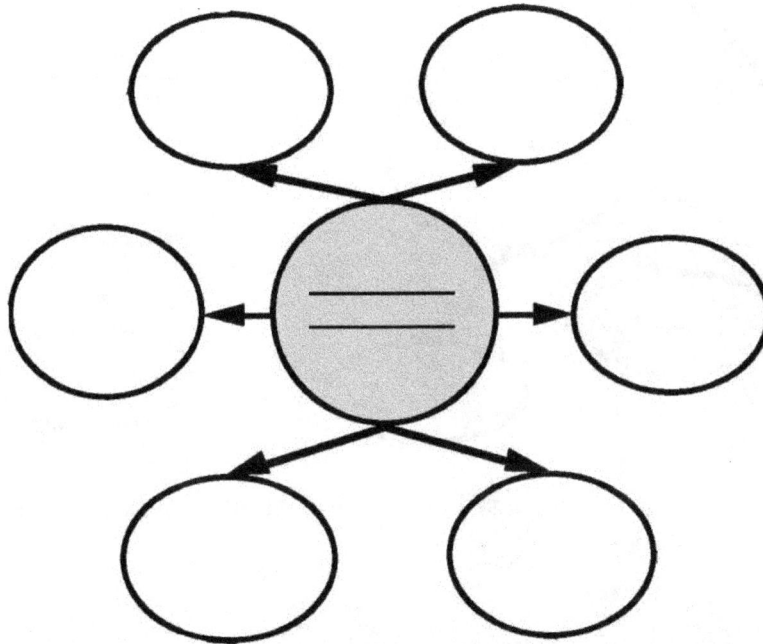

Una rueda del futuro básica que muestra el primer nivel de impactos.

La rueda de futuros es muy versátil. Usted la encontrará muy útil para clasificar ideas hacia afuera o simplemente pensar acerca del futuro u otros conceptos. Si usted tiene oportunidad de hablar con un grupo de trabajo, la rueda de futuros es una gran herramienta para colectar ideas de la lluvia de ideas o solo información. Todo lo que necesita es un espacio en blanco y algo para que pueda escribir sobre él.

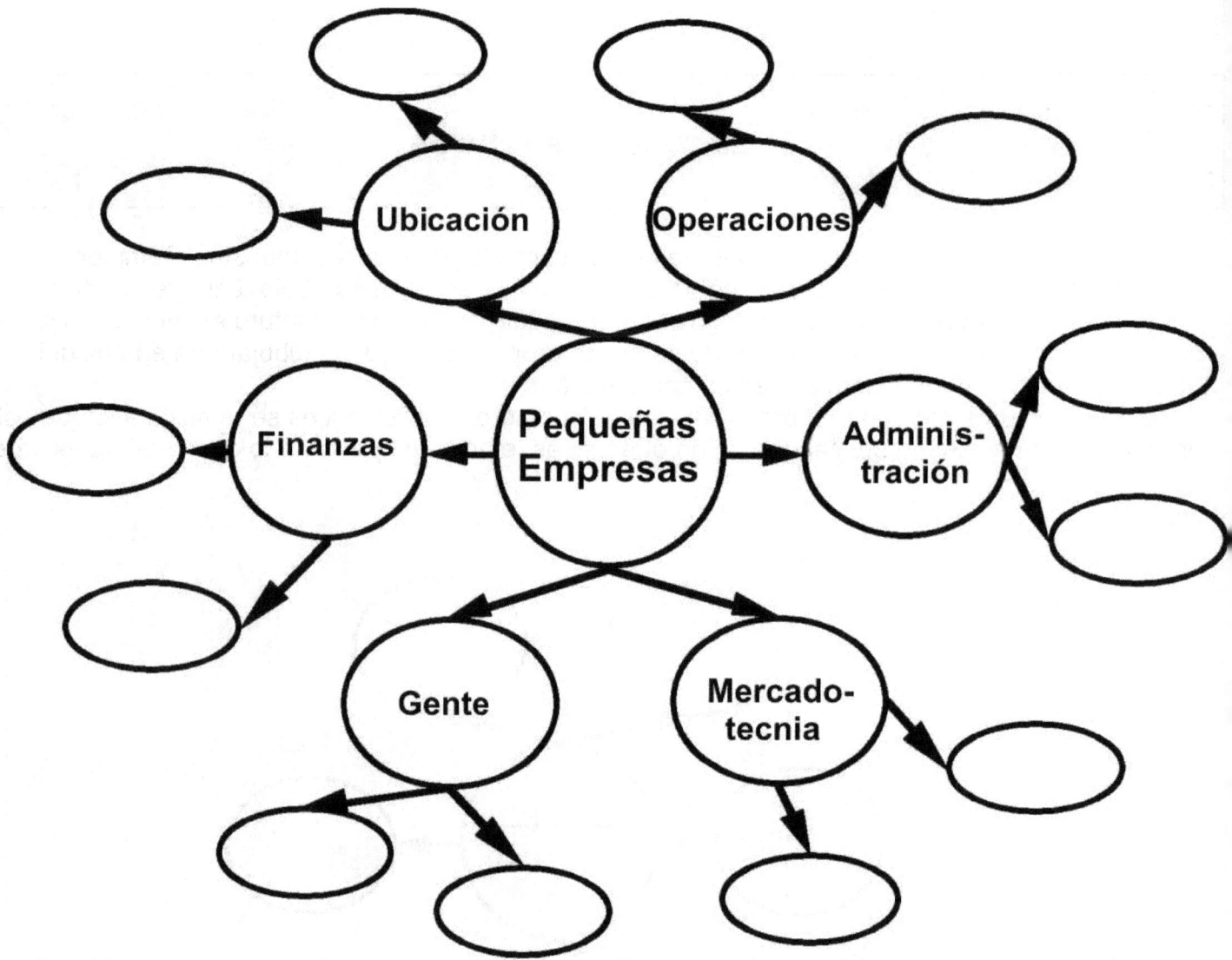

Puede incorporar información en los óvalos. ¡Inténtelo!

Segundo nivel de impactos

Desde cada uno de los impactos directos del primer anillo alrededor de su principal pregunta o idea, ramifique de nuevo a las ideas secundarias o impactos. Desde ahí, ramifique de nuevo al tercer anillo y así sucesivamente. Cuando usted está dibujando sobre el papel o en un pizarrón, la rueda del futuro comienza a descomponerse en este último nivel, pero todavía resulta.

Rueda Multinivel de Futuros que usted puede usar

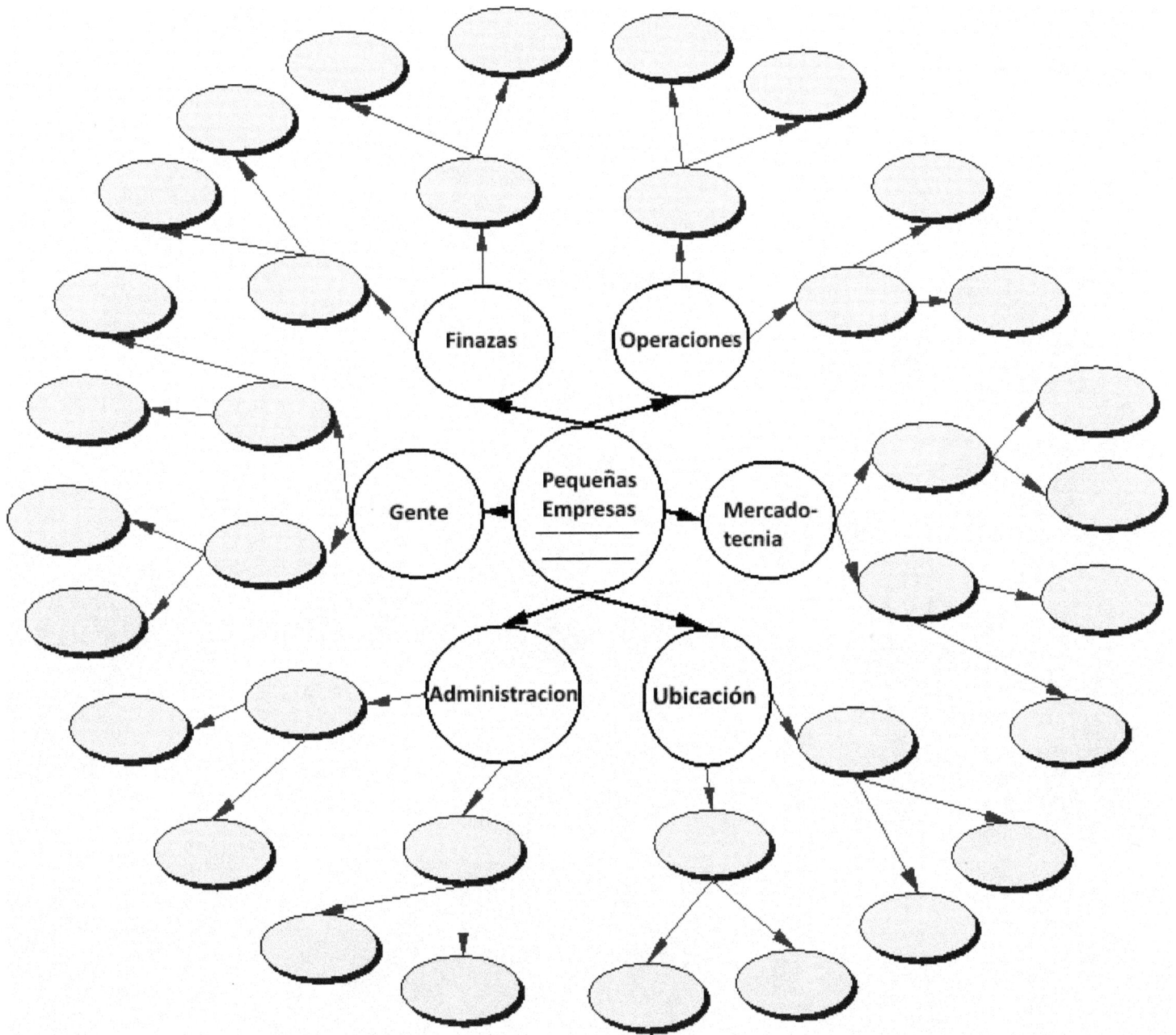

Puede incorporar su propia información dentro de los óvalos. ¡Inténtelo!

(Busque ruedas de futuros, mapas mentales e implicación de ruedas para software e ideas en línea)

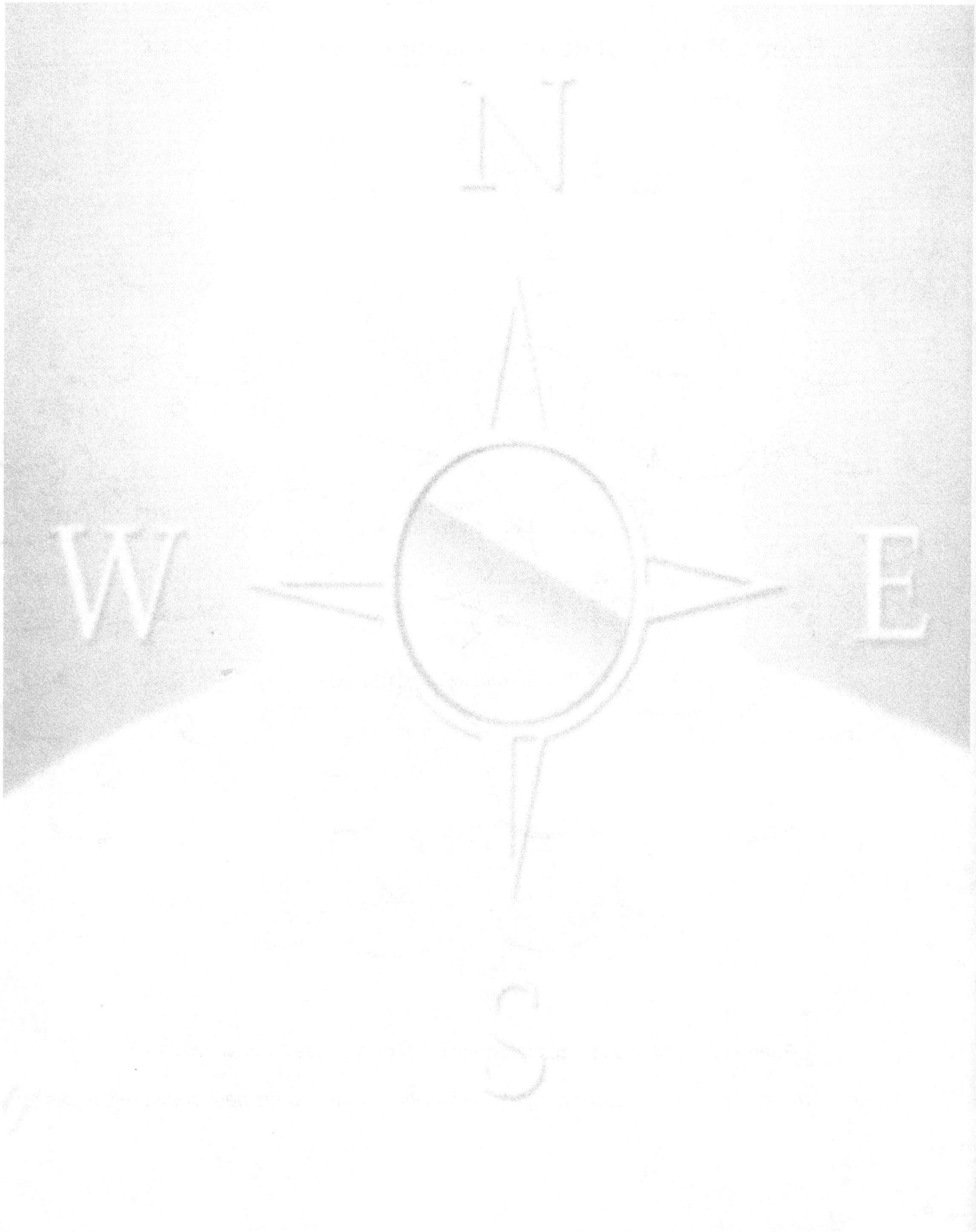

Sección II –Creando escenarios para Pequeñas Empresas

(Una oportunidad para practicar el futuro)

Explorando futuros plausibles

Hoja de trabajo para cuatro escenarios

Usando la información de las hojas de trabajo que ya ha creado, llene las *hojas de escenarios* de las siguientes páginas con los eventos que entren dentro de cada columna de escenario.

Consulte las gráficas que creó en la sección de Dominios Personales y las dos líneas que extendió hacia el futuro en cada gráfica. La parte alta de las líneas para cada Dominio son las bases para el "Mejor Escenario Plausible". Las líneas inferiores constituyen las fuerzas de cambio para el "Peor Escenario Plausible".

El escenario "Continuación del Presente" está basado en su estimado del futuro probable si no hay mayor cambio o usted no tome ninguna acción para crear el cambio. El escenario "Evento inesperado" incluye eventos que son posibles, pero no probables así como ve su futuro en este momento.

Observe su hoja de "Eventos Anticipados de Futuro". Todas las entradas en la columna "Eventos, Alta probabilidad, Alto impacto" deberán ser incluidas en sus hojas de escenario. La columna para "Eventos Inesperados" proveerá algunas buenas ideas para su escenario de eventos inesperados.

También del capítulo de Dominios Internos, recuerde los dos dominios (fuerzas motoras) que usted esperaba que fueran dominantes para traer un cambio en su negocio durante esta etapa. Como usted lo llenó en la hoja de trabajo, piense sobre qué eventos pueden variar de estos dos dominios en cada uno de los escenarios que construyó.

Por ejemplo, si un dominio dominante durante esta etapa de su negocio es el de Mercadotecnia, y específicamente sus ventas, ¿Cómo podrían sus ventas variar entre el escenario positivo y el escenario negativo? En el escenario positivo usted puede tener gran éxito en su negocio, mientras que en el escenario negativo debe luchar o incluso fracasar.

Hoja de trabajo para escenarios

Fuerzas y factores	Continuación del Escenario Presente
Finanzas	
Locación	
Operaciones	
Administración	
Mercadotecnia	
Gente	
Metas, planes y valores	

Fuerzas y factores	El mejor Escenario Plausible
Finanzas	
Locación	
Operaciones	
Administración	
Mercadotecnia	
Gente	
Metas, planes y valores	

Fuerzas y factores	El peor Escenario Plausible
Finanzas	
Locación	
Operaciones	
Administración	
Mercadotecnia	
Gente	
Metas, planes y valores	

Fuerzas y factores	Escenario Aspiracional
Finanzas	
Locación	
Operaciones	
Administración	
Mercadotecnia	
Gente	
Metas, planes y valores	

Fuerzas y factores	Escenario de eventos inesperados
Finanzas	
Locación	
Operaciones	
Administración	
Mercadotecnia	
Gente	
Metas, planes y valores	

Ejemplo para Escenarios

Fuerzas				
Fuerzas y factores	Continuación	Positivo	Negativo	Eventos inesperados o escenario aspiracional
Finanzas	En un periodo de 10 años, el ciclo de negocios es probable que cambie. Algunos clientes pueden fallar.	El ciclo de negocios se incrementa. La mayoría de los clientes sobreviven y pagan.	El ciclo de negocios se cae. Los clientes tardan en pagar. Algo puede fallar.	Se contrata con los clientes una estabilidad mediante flujo de efectivo.
Locación	El lugar presente es adecuado.	Buena propiedad que incrementa su valor. Explorando múltiples ubicaciones adicionales.	Pobre locación puede bajar su valor. Buenas propiedades pueden ser escasas. Las instalaciones se dañaron por el fuego.	La propiedad de junto está disponible ¡a un precio razonable!
Operaciones	Las ventas continúan al alza.	Las ventas son muy fuertes.	Las ventas son débiles.	¡Las ventas son excepcionales!
Administración	Las operaciones son estables. La calidad del producto es buena.	La calidad del producto es alta.	La calidad del producto tiene un problema. Problemas de entrega.	
Mercadotecnia	El equipo de trabajo de la Administración trabajan bien juntos.	La Dirección cumple y las metas se exceden.	Desacuerdos, Tensión dentro del equipo de la gerencia.	
Gente	Empleados, clientes, proveedores y personal, todos conectados fluidamente.	Empleados sobresalientes.	Empleados insatisfechos, quieren formar un sindicato.	Los empleados ofrecen invertir en la compañía por un porcentaje de ganancias.
Metas, planes y valores	Mercadotecnia y planes de negocios trabajan bien.	Se exceden las metas del plan de negocios.	Las metas no satisfacen.	

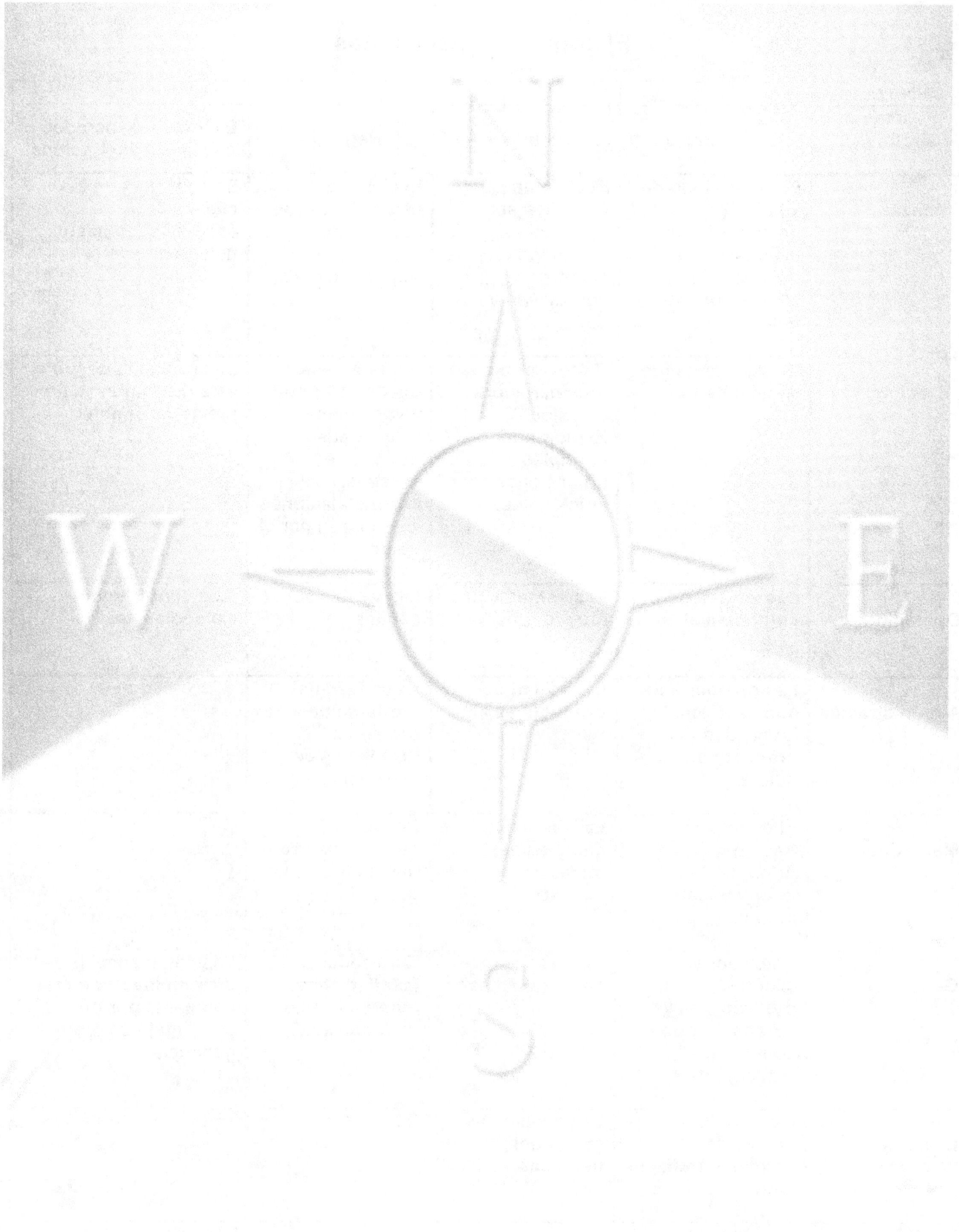

Escenarios como historias

La información que usted ha puesto en cada columna de las hojas de trabajo de escenarios, escribe una historia acerca de su negocio durante estos 10 años. Gaste algo de tiempo y use su imaginación para hacer que cada historia se entrelace de manera lógica. Tenga en mente que lo que está haciendo en este libro de trabajo está realizando hipótesis fundamentadas acerca del futuro. Al crear narrativas usted está desarrollando y entendiendo lo que debe pasar al hacer que los elementos en su escenario trabajen juntos.

En años futuros usted verá señales que indiquen cuáles escenarios llegarán o no llegarán. Esto debería darle tiempo para ajustar y preparar la manera de enfrentar estos cambios.

Escenario I – Continuación del presente

Escenario II –El mejor escenario plausible

Escenario IV – Escenario Aspiracional o Eventos inesperados

Ejemplo de Escenario

¡Los pasados diez años se han ido muy rápido!
Empezamos este negocio con altas expectativas y aunque las cosas empezaron bien, nos preguntamos cuánto podría tardar para ser realmente redituable..

Hemos estado alertas sobre el efectivo y la necesidad de tener suficiente capital para empezar y pensamos que tendríamos todo eso a la mano.
Estuvimos en posibilidad de pagar todas nuestras cuentas y empleados a tiempo, solo no parecía haber algo para los propietarios. Siempre necesitábamos más equipo u otro empleado.

Entonces en el Segundo año, las cosas comenzaron a estar mejor. ¡Pequeños salarios para los propietarios! ¡Y todo parece ir mejor!
Viendo hacia atrás, creo que fue el fuerte énfasis en el control de calidad y el sistema efectivo de logística, que adquirió los materiales a tiempo y se obtuvo el producto para entregarlo rápidamente a los clientes.

Comenzar otra unidad, la primera filial fue excitante, entonces llegó a ser rutina. La primera filial en otro país fue también excitante, después comenzamos a viajar mucho. Teníamos que hacer programas para asegurar que estaba la gente clave en la oficina principal, pero encontramos que podríamos estar juntos en Skype para enfrentar problemas o reportar hechos interesantes.

Sabíamos que el ciclo de negocios eventualmente decaería, así que estábamos preparados.

Sin exceso de inventario, permitiendo que los empleados pidieran licencia, obteniendo mucha capacitación y actualización. ¡Incluso adquirir varias propiedades a buenos precios bajos!

La decisión de construir todas las instalaciones en el mismo piso pareció un plan doloroso al principio pero que realmente fue un pago saldado. Lo mismo muebles, equipo y herramientas por todos lados, así que fue siempre como estar en casa.

No sé cómo hemos tenido tanta suerte con nuestro equipo de propietarios/gerentes. ¡Todos han dado el cien por ciento!

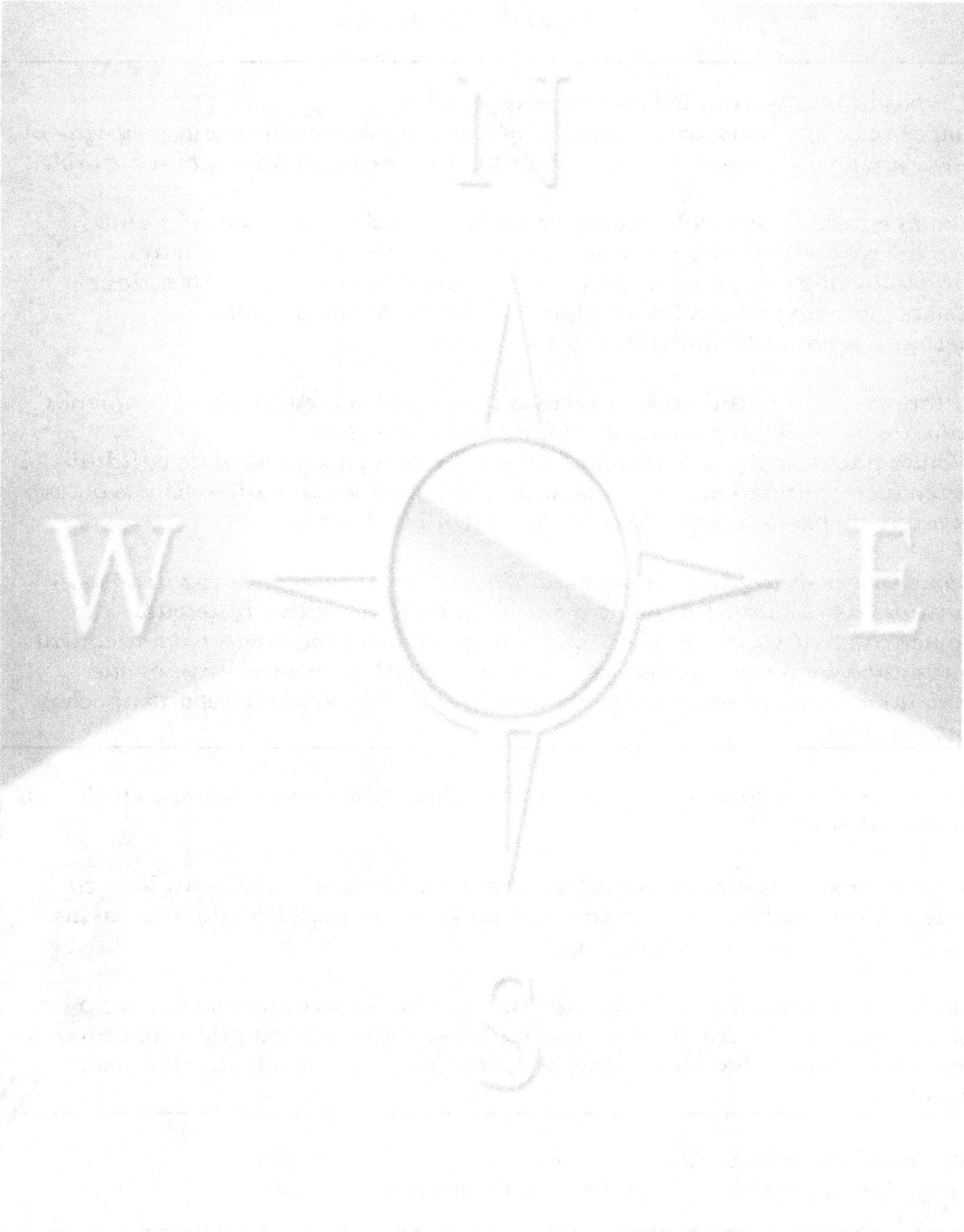

Sección III- Creando un Plan Estratégico para Pequeñas Empresas

Un plan estratégico es justo lo que el nombre implica: un plan para el futuro basado en estrategias para asegurar el futuro que ha vislumbrado.

Esto implica que en orden de crear estrategias y plan, primero tiene que definir el futuro que quiere (visión). Si usted piensa sobre el futuro le gustaría experimentar diez años a partir de ahora, ¿qué futuro ve o visualiza?

Esto será el **primer paso** en su plan estratégico, crear una visión de futuro: el futuro preferido.

Siguiente, usted considerará el alto impacto de los eventos que podrían pasar durante el periodo de tiempo que está planeando. ¿Tiene una misión para este periodo? ¿Algo crucial que deba ser logrado? ¿Tiene metas o deseos que no haya incluido en su visión? Ahora es tiempo de escribir todas las cosas y tenerlas en un mismo lugar para tener listo el plan que logre y que involucre sus intereses y preocupaciones en este periodo de tiempo.

El **tercer paso** en su proceso de planeación estratégica es crear estrategias que le ayudarán a lograr sus metas y su visión del futuro tanto como ocuparse anticipadamente de eventos de alto impacto que pudieran ocurrir.

Cuarto, desarrollará un plan de acción: una secuencias de acciones que tomará cada año, para ejecutar cada una de sus estrategias. Usted analizará su Plan considerando vulnerabilidades y brechas.

Quinto, usted trazará planes de contingencia para enfrentar los eventos inesperados que pudieran ocurrir dentro de los próximos diez años. Estos son eventos de alto impacto improbables de suceder, pero si pasan deberá tener un plan de contingencia a la mano.

El **paso final** es vivir el Plan que ha creado. Tome las acciones y siga las estrategias que ha seleccionado para lograr su visión, pero continúe monitoreando su plan, sus negocios y el mundo alrededor suyo. ¿Algo está cambiando que puede afectar su plan? Si es así, ajuste su Plan para adecuarse a las nuevas circunstancias. Su Plan estratégico es simplemente una herramienta que usted puede usar. Úselo para que le ayude a lograr el futuro que prefiere.

Su Visión del Futuro de su Negocio

¿Cómo puede imaginar o describir su futuro en diez años? Piense en una oración que describa la imagen de lo que le gustaría que fuera su negocio en diez años. El énfasis aquí es sobre su futuro deseado o referido.

Una visión del futuro puede significar varias cosas. Para las organizaciones llevando una planeación estratégica, una visión es una imagen de la organización en algún momento en el futuro, usualmente a diez o veinte años. Cuando usted observa las etapas del desarrollo de su negocio, construye imágenes mentales de varias etapas, entonces se dispone a entender la siguiente etapa en su negocio. Así que ahora cuando tiene presente la necesidad de crear una visión de futuro, es ¿para la siguiente etapa de su negocio, o para todas las etapas? Una sola respuesta es para ambas.

En este momento en su planeación deberá describir una visión clara de la siguiente etapa de su empresa, pero ¿qué pasa con el tiempo de vida de ese negocio? ¿Qué le haría sentir que su negocio y sus esfuerzos han logrado el éxito?

Un área con la cual todavía no ha considerado en su plan es la emoción. ¿Qué le hará sentirse feliz con estos logros? ¿Qué le dará satisfacción? ¿Un sentimiento de cumplimiento? Use la hoja de trabajo que viene enseguida para recopilar algunos pensamientos acerca de su visión del futuro.

Hoja de trabajo	Su visión para cada dominio en estas etapas
Finanzas	
Locación	
Operaciones	
Administración	
Mercadotecnia	
Gente	

Ejemplo
Su Visión del Futuro de su Negocio

Hoja de trabajo	Su visión en 10 años para cada dominio en estas etapas
Finanzas	**Finanzas** **1. Ventas de 20 millones.** **2. Ganancias 10%.**
Locación	1. Ubicaciones múltiples. 2. Servicios uniformes. 3. Criterio uniforme para nuevas ubicaciones.
Operaciones	1. Organización nacional. 2. Organización Internacional.
Administración	Diversos servicios de producción en múltiples países.
Mercadotecnia	1. Revisión de las finanzas, inventarios y producción resultados mensuales. 2. Revisión de la estructura del país. progreso y actividades trimestrales. 3. Revisión de la estructura internacional. progreso y actividades trimestrales.
Gente	1. Tiene la mayor gente disponible en cada posición a través de la organización de arriba a abajo. 2. Tiene una equitativa y comprensible compensación para todos de arriba a abajo. 3. Proporciona la capacitación necesaria para el avance constante de cada individuo preparando un sustituto.

Resumiendo su Visión de 10 años

Describa en una o dos oraciones su visión sobre dónde quiere estar su empresa en diez años.

Sigamos un paso más. ¿Qué quiere para su empresa más allá de diez años? ¿Tiene una visión de cómo y cuándo la empresa sale del negocio?

Ejemplo
Resumiendo su Visión de 10 años

Describa en una o dos oraciones su visión sobre dónde quiere estar su empresa en diez años.

En diez años esperamos que este negocio sea productivo con buen flujo de efectivo y sustancioso dinero en efectivo en el banco. Planeamos tener varios servicios en este país, tanto como ubicaciones en un número específico de otros países, distribuyendo todos nuestros productos de manera rentable.

Sigamos un paso más. ¿Qué quiere para su empresa más allá de diez años? ¿Tiene una visión de cómo y cuándo la empresa sale del negocio?

Esperamos entregar alta calidad, productos rentables con precios atractivos para nuestros clientes de todas partes del mundo. Esperamos que todos en esta organización estén muy bien entrenados, bien pagados y apoyen a la organización y a sus compañeros de trabajo

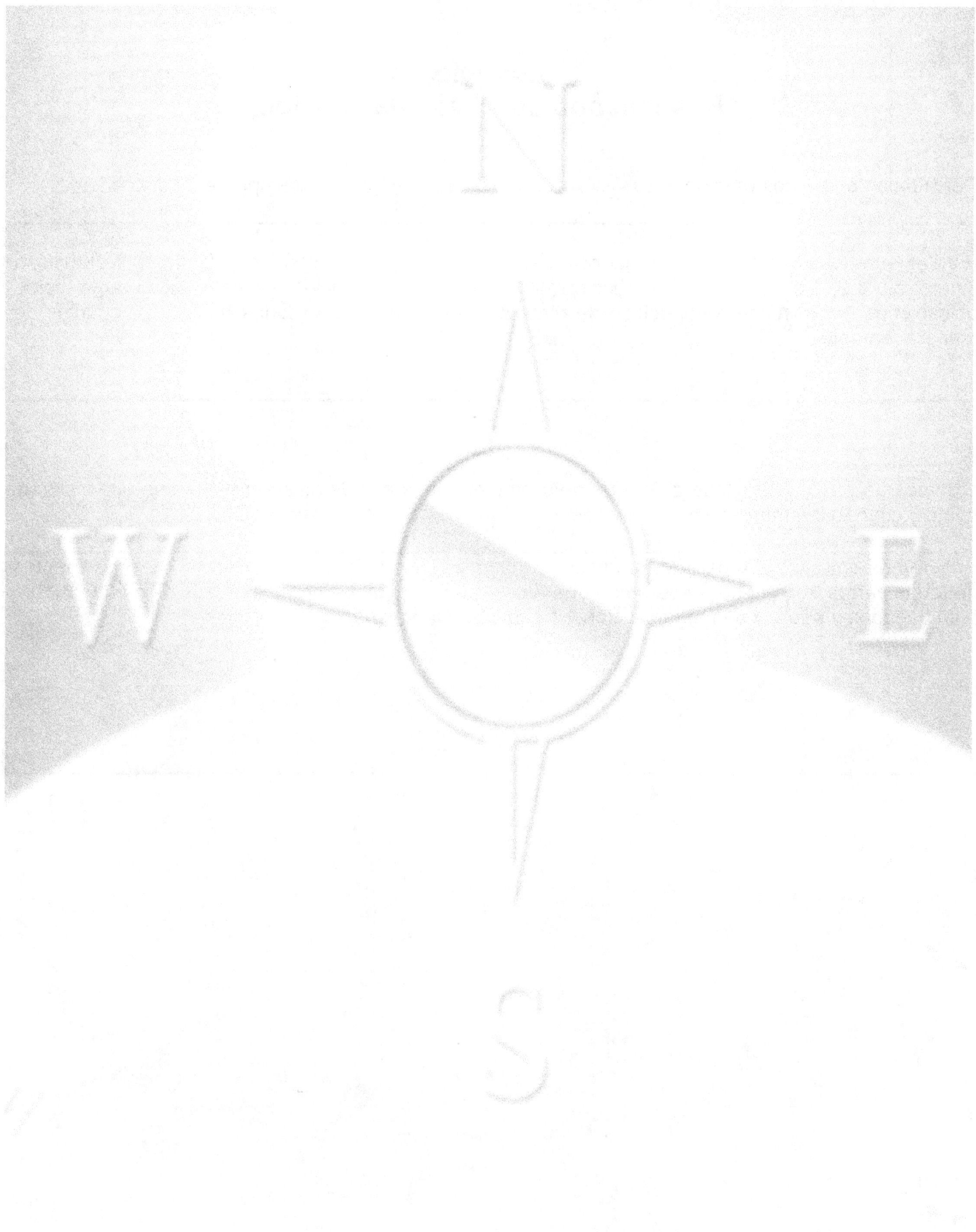

Estrategias para lograr Su Visión

Esta es el área de la "estrategia" de tu planeación. Una estrategia es un acercamiento general o técnica para tratar con una situación. Un plan más detallado para lograr su estrategia vendrá más tarde en el apartado de su Plan de acción.

Para la visión del futuro de su negocio, identifique y desarrolle estrategias que aseguren esa visión. Revise sus escenarios para trazar estrategias para lidiar con futuros de alto impacto que pudieran ocurrir. Para el negativo o "peor plausible escenario" donde todo vaya mal, trace estrategias para prevenir, evitar o enfrentar ese futuro.

Piense en términos de "Si... entonces" estrategias. "Si esto pasa, entonces mi estrategia puede ser..."

Una estrategia es simplemente una manera de hacer algo. El ajedrez es un juego de estrategias en el cual el jugador con las mejores estrategias, probablemente ganará. Usted está buscando estrategias que logren su visión de futuro para enfrentar eventos con alta probabilidad, así pase algún tiempo pensando acerca de cómo realizará las mejores estrategias para lograr su visión y enfrentar los eventos. Considere estrategias para cada dominio particularmente para eventos que son de alto impacto y que tienen un alta probabilidad de ocurrencia. También usted desarrollará (o en otra hoja de trabajo) planes de contingencia para eventos de alto impacto con baja probabilidad de ocurrencia.

Una vez que usted ha identificado y enlistado estrategias efectivas, regrese a cada una y pregúntese a sí mismo qué pasos se requerirán para completar tal estrategia. Algunas estrategias pueden requerir un solo paso y otras pueden requerir varios pasos.

También considere las secuencias de los pasos y cuántos años se requerirán para lograr esa estrategia. Tenga en mente que algunas estrategias pueden requerir el complemento de otra estrategia antes de proceder a otro paso de la primera estrategia. Recuerde, una estrategia responde a la pregunta "¿Cómo?"

Estrategias para lograr Su Visión

Dominios	Estrategias para lograr metas, misión y visión	Estrategias para evitar o reducir impactos de eventos probables
Finanzas		
Locación		
Operaciones		
Administración		
Mercadotecnia		
Gente		

Ejemplo
Estrategias para Lograr Su Visión

Dominios	Estrategias para lograr metas, misión y visión	Estrategias para evitar o reducir impactos de eventos probables
Finanzas	1. Fortalezca la mercadotecnia y las ventas (ver Mercadotecnia). 2. Desarrolle buen dinero para el equipo directivo. 3. Crezca solo tan rápido como lo pueda manejar.	Anticipe el cambio en la curva de negocios.
Locación	1. Identifique estrategias locales en este país, después en nivel mundial. 2. Cree un diseño común para las instalaciones. 3. Identifique prioridades, detonantes para iniciar una unidad.	Monitoree sitios potenciales en demografía, tráfico, cambios culturales.
Operaciones	1. Fortalezca la mercadotecnia y las ventas. Hay un sitio web multilingüe y mercadotecnia en línea. 2. Integre un equipo nacional de mercadotecnia. 3. Integre un equipo internacional de mercadotecnia.	Monitoree cambios culturales en cada área de Mercado o área programada.
Administración	1. Desarrolle un Proyecto para conservar en equilibrio a cualquier instalación.	Actúe rápidamente ante cualquier indicación de desequilibrio.
Mercadotecnia	1. Revise finanzas, inventarios y producción resultados mensuales. 2. Revise en la estructura del país, progreso y actividades trimestralmente. 3. Revise la estructura internacional, progreso y actividades trimestralmente.	Actúe rápidamente en eventos de cambio positivo o negativo.
Gente	1. Contrate de modo correcto desde la primera vez. 2. Diseñe políticas de remuneración claras y comprensibles. 3. Diseñe la capacitación para cada puesto.	Monitoree cambios culturales en cada área donde las operaciones existen o se han planeado.

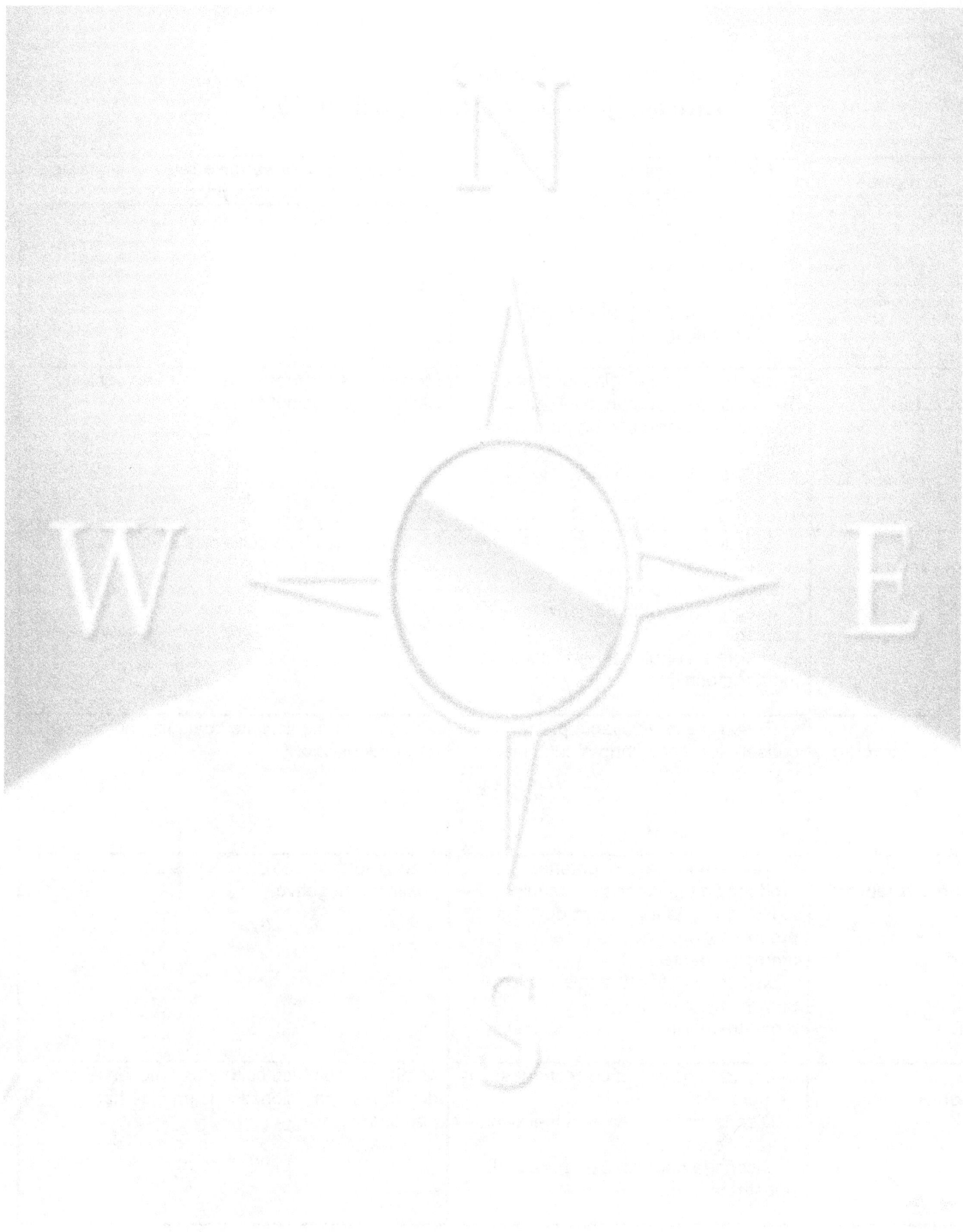

Un Plan de Acción para el futuro

Ahora usted debe convertir sus estrategias en acciones. ¿Qué acciones debe tomar, empezando ahora, para lograr su visión de futuro? ¿Cuál es el mejor orden para esas acciones?

Estas son las acciones que pueden cambiar su futuro, pero hasta que realmente las ponga en acción, nada en su planeación cambiará el futuro.

Este es el registro central de su plan estratégico. Usted puede (y debería) modificar o cambiar su plan conforme avance, porque hay eventos que no aparecen de acuerdo al plan, así que permanezca flexible, pero siga trabajando hacia su futuro preferido.

Hoja de trabajo del Plan de Acción para pequeñas empresas

Visión/meta (10 Años)	Estrategias (¿Cómo?)	Acciones (¿Qué hacer?)	Línea del tiempo (¿Cuándo?)
Finanzas 1. 2. 3.			
Locación 1. 2. 3.			
Mercadotecnia 1. 2. 3.			
Operaciones 1. 2. 3.			
Administración 1. 2. 3.			
Gente 1. 2. 3.			

EJEMPLO: Hoja de trabajo del Plan de Acción para pequeñas empresas

Visión/Meta (10 Años)	Estrategias (¿Cómo?)	Acciones (¿Qué hacer?)	Línea del tiempo (¿Cuándo?)
Finanzas 1. Ventas por 20 millones. 2. Ganancias por 2 millones.	1. Se fortalecen la mercadotecnia y ventas (ver Mercadotecnia). 2. El equipo de administración logra obtener buen dinero. 3. Crece solo tan rápido como lo pueda manejar.	1. Monitorear ventar ventas y márgenes de ganancia. 2. Contratar una firma de Contadores, contrate un contador para manejar el dinero. 3. Contratar un Director, encargado de administrar el crecimiento. Se aumenta y mantiene una fuerte reserva de efectivo.	1. Año 1-10- La administración monitoreará las ventas. 2. Año 1, Contratar un Contador o gerente para administrar el dinero. Año 2, Contratar una firma de contadores para llevar los libros de cheques y pago de impuestos, el quinto año contrate un director. 3. Año 1-10 la administración monitoreará las ventas y el equilibrio de la producción.
Locación1. Ubicaciones Múltiples. 2. Instalaciones uniformes. 3. Criterios uniformes para nuevos lugares.	1. Se identifican estrategias para ubicaciones en este país, luego en el mundo. 2. Se crea un diseño común de servicios. 3. Se identifican prioridades y detonantes para iniciar en cualquier lugar.	1. Adquirir los derechos para comprar propiedades y obtener todos los permisos. 2. Concordar con los requisitos de la norma; crear planos; construcción de prototipo; evaluación. 3. Cuando la locación cumple con los requisitos, adquiere propiedades, inicia construcción y proceso de capacitación.	1. Año del 1 al 4, identificar propiedades potenciales en el país; Año 3 identificar las mejores regiones alrededor del mundo; Año 4 al 10 identificar ubicaciones específicas y comienza a adquirir los derechos. 2. Año 1, Planos; Año 2, construir el primer edificio (Modelo); Año 4, evaluar el modelo, Año 5, actualizar el diseño estándar para los futuros edificios. 3. Año 1, establecer criterios para nuevas ubicaciones.
Mercadotecnia 1. Organización nacional. 2. Organización Internacional.	1. Se fortalecen la mercadotecnia y las ventas. Hay un sitio web multilingüe y mercadotecnia en línea. 2.. Incorporar un equipo de mercadotecnia del país" 3. Integra un equipo internacional de mercadotecnia.	1. Contratar un Director de Mercadotecnia para el país, crear un equipo de Mercadotecnia. 2. Contratar un Director de Mercadotecnia para el área Internacional, crear un equipo de Mercadotecnia. Designar un Vicepresidente de Mercadotecnia.	1. Año 1 Desarrollar o contratar en el país un Gerente de Mercadotecnia. Año 2 Desarrollar de 5 a 10 años planes de comercialización de mercadotecnia en el país. Año 3, Evaluar el desempeño. Año 5, Evaluar de arriba abajo planes y desempeño. Año 8, Repetir 5 evaluaciones al año. Año 10. Comenzar a desarrollar nuevos planes a 5 y 10 años. 2. Año 3, promover desde el país o contratar un Director para Mercadotecnia Internacional. Año 4, evaluar el desempeño internacional, siguiendo la misma planeación del orden de evaluación seguido para el equipo nacional (arriba mencionado).

Operaciones 1. Instalaciones de producción diversa.	1. Desarrollar un Proyecto para conservar el equilibrio entre producción y mercadotecnia en cualquier ubicación.		
Administración 1. Mercadotecnia y producción en constante equilibrio. 2. Todas las partes de la organización trabajando juntos sin fricciones (Finanzas, Locación, Mercadotecnia, Operaciones, Gente). 3. La organización se orienta a Futuro.	1. Revisar las finanzas, inventarios y producción resultados mensuales. 2. Revisar en el país, la estructura, el progreso y las actividades trimestrales. 3. Revisar en lo internacional la estructura, el progreso y actividades trimestrales.	1. Revisar finanzas, inventarios y producción resultados mensuales. 2. Revisar en el país, la estructura, el progreso y las actividades trimestrales. 3. Revisar en lo internacional la estructura, el progreso y actividades trimestrales.	
Gente 1. Tenga la mejor gente disponible en cada posición a través de toda la organización desde arriba hasta abajo. 2. Tenga una justa y accesible remuneración para todos. 3. Procure capacitación necesaria para un avance constante en cada individuo preparando un sustituto.	1. Contratar al mejor desde la primera vez. 2. Diseñar unas políticas de remuneración claras y accesibles. 3. Planear una capacitación para cada puesto.	1. Definir cada posición, incluyendo compensaciones, entrenamiento y progreso. 2. Definir salarios para cada puesto. Definir avances, oportunidades y requerimentos. 3. Diseñar la capacitación para cada puesto con el objeto de optimizar el desempeño y preparar los avances. Definir rutas de avance para las diferentes divisiones.	Año 1. Definir cada posición y todos los niveles de salarios. Año 2. Revisar y clasificar cada puesto planeado. Iniciar la capacitación para cada puesto. Año 3. Diseñar el proyecto de capacitación para cada puesto y preparar a cada empleado para el siguiente nivel. Año 5. Revise todas las descripciones, niveles de remuneración y programas de capacitación. Actualizar anualmente a toda la compañía.

Plan de Acción a Diez Años

Plan Anual	Acciones que se tomarán Finanzas-Locación-Operaciones-Administración-Mercadotecnia-Gente
1	
2	
3	
4	
5	
6	
7	
8	
9	
10	

Plan Anual	Acciones que se tomarán
1	La administración monitoreará las ventas. Contratar un Contador /después un gerente administrativo. Identificar en el país propiedades potenciales. Proyectos. Establecer criterios para adquirir nuevos lugares. Desarrollar o contratar un gerente de mercadotecnia en el país. Definir cada puesto y todos los niveles de remuneración.
2	Contratar una firma de contadores para que lleve sus libros e impuestos. Identificar en el país potenciales propiedades. Construir el primer edificio (Modelo). Desarrollar un plan de mercadotecnia de cinco a diez años para la mercadotecnia en su país. Administrar el monitoreo de ventas. Revisar y clasificar cada puesto planeado. Iniciar la capacitación para cada puesto.
3	La administración monitoreará las ventas. Identificar propiedades potenciales en el país. Identificar las mejores regiones alrededor del mundo. Evaluar el edificio modelo. Diseñar el proyecto de capacitación para cada puesto y prepare a cada empleado para el siguiente nivel.
4	La administración monitoreará las ventas. Identificar ubicaciones específicas y comenzar a adquirir los derechos. Año 4, evaluar el desempeño internacional, siguiendo la misma planeación del orden de evaluación seguido para el equipo nacional (arriba mencionado).
5	La administración monitoreará las ventas. Identificar ubicaciones específicas y comience a adquirir los derechos. Actualizar el diseño de futuras construcciones. Evaluar de arriba abajo planes y desempeño. Revisar todas las descripciones, niveles de remuneración y programas de capacitación. Actualizar anualmente a toda la compañía.
6	Administrar el monitoreo de ventas y evaluar de arriba abajo planes y desempeño. Identificar ubicaciones específicas y comienza a adquirir los derechos. Revisar el plan de remuneración y capacitación, en toda la compañía.
7	La administración monitoreará las ventas. Identificar ubicaciones específicas y comienza a adquirir los derechos. Revisar el plan de remuneración y capacitación, en toda la compañía.
8	La administración monitoreará las ventas. Identificar ubicaciones específicas y comienza a adquirir los derechos. Repetir cinco evaluaciones por año. Revisar el plan de remuneración y capacitación, en toda la compañía.
9	La administración monitoreará las ventas. Identificar ubicaciones específicas y comienza a adquirir los derechos. Revisar el plan de remuneración y capacitación, en toda la compañía.
10	La administración monitoreará las ventas. Identificar ubicaciones específicas y comienza a adquirir los derechos. Revisar el plan de remuneración y capacitación, en toda la compañía.

"Backcasting"

*Backcasting** es una herramienta que los futuristas utilizan para desarrollar una secuencia de acciones que son necesarias para ejecutar una estrategia exitosa. El concepto es sencillo: imagínese usted mismo y su negocio diez años a partir de ahora habiendo logrado su visión para el futuro de la compañía.

¿Cómo luce el futuro ahora? ¿Cuál fue la última acción que usted tomó para lograr su visión? ¿Cuál fue la acción antes de…, y antes de…? Esta técnica ayuda a construir el orden de acciones necesarias para su plan de acción.

*NT. Backcasting es una de las tres herramientas del Structure Day Dreaming del Hawaii Research Center for Future Studies, es algo así como pronosticar al revés, se construyen vías para llegar a la consecución del objetivo prefijado pero en sentido inverso, del futuro al presente. Por eso el Plan va del año 10 al año 1.

Plan Anual	Acciones que se tomarán Finanzas-Locación-Operaciones-Administración-Mercadotecnia-Gente
10	
9	
8	
7	
6	
5	
4	
3	
2	
1	

Planeación de contingencia

Qué pasaría si uno de los escenarios "eventos inesperados" ocurriera? ¿O el "peor plausible"? Desarrolle planes de contingencia para enfrentar esos. Las estrategias "Si…entonces" son muy útiles para la planeación de contingencia.

Eventos inesperados o el peor evento Plausible	Estrategia (¿Cómo enfrentará este evento?)	Plan (¿Qué acciones tomará para enfrentar esto?)

Use la columna de estrategia para identificar su acercamiento general para enfrentar este evento inesperado o evento de baja probabilidad. ¿Tratará de minimizar, maximizar, ganar o evitar la pérdida? Considere todos los eventos de baja probabilidad, alto impacto que ha enlistado, incluyendo eventos internos y externos (STEEP).

Piense seriamente en cada uno de estos eventos. Probablemente no ocurran nunca, pero si llegaran a pasar, usted estará preparado con un plan de contingencia.

Ejemplo
Planeación de Contingencia

.

Eventos inesperados o el peor evento Plausible	Estrategia (¿Cómo nos ocuparemos de este evento?)	Plan (¿Qué acciones nos llevarán a enfrentar esto?)
Huracanes	Prepárese para la evacuación, mucha agua, fuertes vientos.	Transporte: vehículos y ruta de seguridad. Ventanas cubiertas. Planee mover el equipo a un lugar alto.
Terremoto	Fortalecer la construcción. Localizar el equipo para reducir riesgos.	Plan de evacuación.
Caída del ciclo de negocios	Tenga un plan y fondos para adquirir negocios de competidores débiles.	Organice días libres para quienes puedan utilizarlo. Elabore un Plan para mejorar las instalaciones. Mantenga las sesiones de capacitación interdisciinaria.

Análisis de Vulnerabilidad

Piense en su negocio como en una mesa de seis patas.
Si una pata colapsa, las otras cinco podrán sostener el negocio? O el colapso de una pata puede causar que
las otras caigan? ¿Cuáles son los riesgos y qué puede hacer sobre ellos?

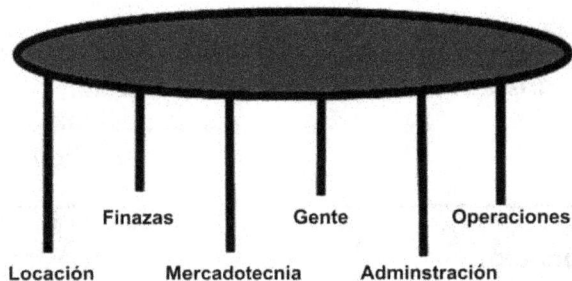

Finazas   Gente   Operaciones

Locación   Mercadotecnia   Adminstración

	Vulnerabilidades	Reducción de riesgos
Finanzas		
Locación		
Mercadotecnia		
Operaciones		
Administración		
Gente		

Ejemplo
Análisis de Vulnerabilidad

	Vulnerabilidades	Reducción de riesgos
Finanzas	El lento cobro de un conjunto de cuentas por pagar, amenaza la capacidad de pagar las facturas a tiempo.	Asegure procedimientos de créditos. Considere incentivos para pronto pago.
Locación	Clientes potenciales no pueden encontrar nuestra ubicación fácilmente.	Mejore la señalización. Añada un mapa y direcciones en el sitio web y publicidad. Considere una mejor ubicación.
Mercadotecnia		
Operaciones	El servicio de entregas es inconsistente.	Acuerde un desempeño garantizado. Cambie los transportes. Use un vehículo de la compañía para mejorar las entregas.
Administración		
Gente		

Análisis de Brecha

Analice su plan por intervalos. Observe cada estrategia, cada meta, cada objetivo. ¿Son realizables con los fondos de ahora, los servicios y el personal? ¿Existen algunas brechas entre su plan y sus recursos o capacidades?

	Plan	Brecha Potencial	Posible solución
Finanzas			
Locación			
Mercadotecnia			
Operaciones			
Administración			
Gente			

Ejemplo de Análisis de Brechas

	Plan	Brecha Potencial	Posible solución
Finanzas	El Plan requiere una nueva ubicación.	No hay suficiente presupuesto para mudarse. No hay plan para el sitio actual después de mudarse.	Agregar fondos al presupuesto. Hacer un plan para vender o darle un uso económico al viejo sitio.
Locación	El Plan requiere una nueva ubicación.	El sitio no está seguro todavía.	
Mercadotecnia			
Operaciones			
Administración			
Gente	El plan necesita empleados adicionales.	No hay espacio para trabajadores adicionales en el sitio actual.	Detenga la contratación hasta moverse al nuevo sitio. Permita que algunos empleados trabajen desde su casa.

En Conclusión...

Usted ha explorado el presente y futuro de su empresa, creado más de 40 escenarios futuros, designado un futuro preferido, considerado estrategias que aseguren ese futuro preferido y desarrollado un plan de acción encaminado a un futuro preferido. Usted también ha considerado contingencias y debería estar preparado para hacer ajustes a su plan y trabajar hacia su futuro preferido. ¡Disfrute los beneficios de su plan!

¡Viva su plan!

Después de que complete su libro de trabajo, espere un día o dos, entonces revise, lo que hizo. Usted ha logrado mucho por completar este libro. Ahora refleje lo que usted ha hecho y decida lo que puede hacer para mejorar su plan. Re-evalúe sus estrategias, su plan de acción y su plan de contingencia. ¿Qué dejó afuera? ¿Qué quiere cambiar? Adelante. Haga cambios y mejoras. Este es su plan.

En seis meses o un año revise su Plan de nuevo. ¿Qué ha cambiado en su negocio que afecta su Plan?
¿Qué fuerzas externas están afectando su Plan? ¿Está progresando?, ¿Está apareciendo un escenario diferente al que usted esperaba? Ajuste su Plan lo necesario para enfrentar los cambios pero siga moviéndose hacia su visión personal. Usted puede cambiar o redefinir su visión.

Monitoree los cambios en su negocio y en el mundo en unos años y ajuste su plan si siente que es necesario. De no necesitar cambio, entonces sígalo y viva su plan.

Traducción

DRA. GUILLERMINA MARÍA EUGENIA BAENA PAZ
drbaena@hotmail.com

Mexicana. Licenciada en Ciencias de la Información, Maestra en Administración Pública y Doctora en Estudios Latinoamericanos. Miembro de la World Future Society, de la Association of Professional Futurists, de la World Futures Studies Federation (executive Board) y Vicepresidenta para la región iberoamericana de la misma WFSF.

Desde 1968 es profesora de la UNAM y diversas instituciones educativas. Ha publicado más de 40 libros, Coordina el Seminario de Estudios Prospectivos, (UNAM), desde 2003. Ha sido invitada a congresos, eventos y cursos sobre prospectiva en España, Colombia, Perú, Venezuela, Costa Rica, EEUU (Boston, Florida), Ecuador, Brasil, Rumania, Panamá, Guatemala, La Habana. Varios cursos invitada por el ILPES CEPAL (ONU), Estocolmo, Finlandia y San Francisco (EEUU).

Es profesora del posgrado en la Universidad del Externado en Colombia, del Instituto Nacional de Administración Pública, del Instituto de Administarción Pública del Estado de México, de la Escuela de Inteligencia de las Fuerzas Armadas. Asesora a funcionarios y organizaciones de Colombia, de Guatemala, de El Salvador, de Costa Rica y de México.

Ha elaborado estudios prospectivos para Instituto Electoral del Distrito Federal, la UAM Atzcapotzalco; Procuraduría del DF; Dirección de atención para adolescentes en conflicto con la ley DF; la Comisión Federal de Riesgos Sanitarios, coordinó el proyecto LEALA –Laboratorio de Recursos Didácticos sobre futuros- (WFSF UNESCO) en México, sobre reinserción social de reclusas de Santa Martha Acatitla, tiene un proyecto con la Universidad Nacional de Costa Rica para la formación de un think tank de futuros.

Dirige las Series Working Papers, Papers de prospectiva y Cuadernos de Pensamiento Prospectivo Iberoamericano, así como la Revista del Instituto de Administración Pública del Estado de México (IAPEM).

Tiene la página del Seminario de Estudios Prospectivos como una biblioteca digital de consulta gratuita: http://investigacion.politicas.unam.mx/semprospectiva

ALETHIA BERENICE MONTERO BAENA

Licenciatura en Psicología por parte de la Universidad Latinoamericana. Tesis profesional "Terapia por el arte: una propuesta para la promoción de la salud mental del individuo y la sociedad" 2009. Diversos estudios en varios ámbitos artísticos. Actualmente estudiando Maestría en Psicoterapia Humanista Corporal en Instituto INTEGRA.

– Generadora del Teatro del Devenir como metodología prospectiva

– Creadora de la Psicología Anticipatoria o Psicoprospectiva, nueva rama de la Psicología fusionada con Estudios del Futuro, en conjunto con la Psic. Martha Jaramillo (PROSERES Colombia) únicas dos psicofutuartistas en el mundo

– Miembro del Youth Council de la World Futures Studies Federation WFSF

– Miembro de la World Future Society WFS

– Miembro de la Association of Professional Futurists APF

– Miembro del Seminario Permanente de Estudios Prospectivos FCPyS UNAM

– Socia y fundadora de PROSERES México (consultora) desde 2012

Co-traductora en español de It's Your Future… Make It a Good One! y A Personal Futures Workshop

– Conferencista, tallerista y docente nacional e internacional

El Autor

Verne Wheelwright ha trabajado en pequeñas empresas la mayor parte de su vida. Regresaría a la escuela para graduarse de una Maestría en Estudios de futuro en la Universidad de Houston (Clear Lake) para entonces, convencido de que era una necesidad comenzar a investigar en futuros personales elaboró su tesis de doctorado. Este libro de trabajo aunado al texto, *Es TU Futuro... ¡Hazlo bueno!* son resultados de esa investigación.

Verne está convencido que los métodos prospectivos que han sido exitosos para corporaciones y gobiernos deberían también servir para individuos y pequeñas empresas. Durante su investigación desarrolló paso por paso una aproximación que podría enseñar a los individuos cómo organizar la información para sus propias vidas, aplicando métodos de futuros para explorar y preparar sus propios futuros.

Su amplia experiencia en negocios de pequeñas empresas e internacionales se combinó con sus viajes a través del mundo. Verne con una fuerte fundación para su investigación de futuros y agrega un entendimiento de diferencias culturales y económicas que afectan las vidas de la gente y los negocios.

Verne ha probado su trabajo en talleres y presentaciones con gente de diferentes edades y con una variedad de formaciones culturales, con resultados gratificantes. Continúa recibiendo elogios y expresiones de agradecimiento de las personas que han asistido a sus talleres, leído sus artículos o visitado su sitio web en www.personalfutures.net. Los planes de Verne son continuar investigando, dando conferencias y escribiendo acerca de los futuros personales y de pequeñas empresas y es alentador que como futurista, en todo el mundo, ayude a gente a cambiar sus vidas y sus negocios con métodos de futuros.

Este libro de trabajo se deriva y es elaborado para usarse con el libro premiado*,
Es TU Futuro… ¡Hazlo bueno!

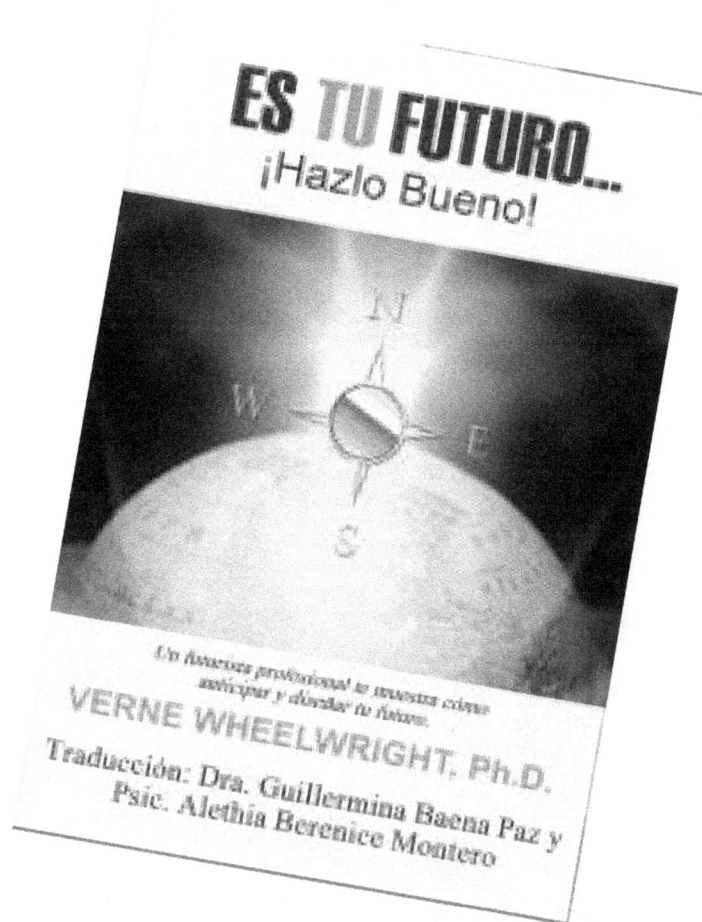

Este libro ofrece un panorama completo de los métodos y herramientas utilizadas por los futuristas, un sistema excelente para aprender cómo los métodos para estudiar el futuro trabajan y cómo deben ser aplicados para su vida y sus negocios. El libro contiene 254 páginas con 110 diagramas y tablas. Con ejemplos muestra cómo una persona podría completar cada Hoja de Trabajo.

Es TU Futuro… ¡Hazlo bueno! Está disponible en la mayoría de las librerías en línea y puede ser ordenado por varias librerías locales en Estados Unidos. **El precio de lista es de $17.50 US. Amazon.com también ofrece un eBook versión para Kindle a $8.99 US y Apple ofrece una versión para iPad al mismo precio. Están pendientes otras versiones de eBook.**

*En 2012 fue ganador del "Más Importante Trabajo de Futuros"
*Es TU Futuro… ¡Hazlo bueno!
Presentado por la Asociación de Futuristas Profesionales
(www.profuturists.org)

Ahora disponible en Inglés, Español, Japonés y Turco. Otros idiomas estarán pronto disponibles.

www.ingramcontent.com/pod-product-compliance
Lightning Source LLC
Chambersburg PA
CBHW051418200326
41520CB00023B/7279